시문학시인선 · 436

맹물을 찍어 그림을 그린다

최 규 철 시집

최 규 철 시인

- 1977년 월간 『시문학』을 통해서 시인 등단
- 월간 『조선문학』에서 문학평론가로 등단
- 한국형이상시회 회장
- 한국현대시인협회 지도위원
- 한국시문학문인회 상임지도위원
- 한국크리스천문학가협회 회장 역임
- 응시동인회 회원
- 시문학상 수상
- 한국크리스천문학상 수상
- 장로회신학대학교 대학원
- 서울 영신교회 원로목사
- 시집 『빛의 고향』 『바람을 타고 흐르는 자유』 『순수한 눈짓』 『빛으로 가는 길』 『꿀벌처럼 잉잉거리는 햇살처럼』 『맹물을 찍어 그림을 그린다』
- 시론 및 시평 다수 발표

- E-mail : chkc320@hanmail.net
- 주소 : 157-857 서울시 강서구 방화3동 831 방화 apt. 408동 503호
- 연락처 : 02)2665-2941, 010-3770-7891

저는 평소에 시인들이 가장 좋은 시를 쓰는 방법으로는 통합적 감수성을 길러야 한다는 소신을 가지고 있었습니다.

이성과 감성, 지성과, 감각, 사상과 감정이 하나로 통합되어 표현되는 감수성의 메커니즘이 중요하다는 것입니다. 이런 통합적 감수성이 바로 형이상시 태동의 원동력이란 말씀입니다.

– 시인의 말에서

서문을 읽어보면, 최 시인은 형이상시의 추구로 해체적 위기를 놓인 오늘의 시를 바로잡아서, 현대인의 분열된 사고의 통합과 새로운 인식의 틀을 창조하고자 하며, 궁극적으로는 극단적으로 분열되고 상충된 현대의 모순된 삶을 한 차원 높여 통합하고 치유함으로써, 파편화 된 비극적 세계상을 시적 영감(혹은 종교적 영성)으로 회복하고자 하는 의도가 있음을 알 수 있다. "형이상시가 가지고 있는 영적 메커니즘 기능을 살려 영적 세계까지 확장해가야 할 당위성도 있습니다."와 같은 진술에서 그 점이 확인된다.

– 신규호 시인의 「해설」에서

시문학사 / 정가 7,000원

형이상시학

제5호

2012

발 행 인 : 최규철
주　　간 : 박진환
편집운영위원 :
조신권
원응순
신규호
홍문표
정재영

발행처 :
조선문학사
120-092
서울시 서대문구 홍제2동 96-4

전화 :
730-2255(편집실) 730-9308
팩스 723-9373

인쇄 : 현문사
발행일 : 2012년 10월 30일

정가 10,000원
본지는 잡지윤리 실천 강령을
준수합니다.

권두언

제1부 형이상시학

제2부 한국 형이상시인론

形而上詩學
형이상시학

제3부 / 이 시집을 조명한다

성찬경 시집 『바스락 바스락 작업을 한다』

제4부 /自選 형이상시(上)

조선문학문학총서 22

諷詩調 詩學

박 진 환 지음

박진환 시인

전남 해남 출신으로 동국대 국문학과를 거쳐 중앙대 대학원을 졸업(문학박사)했다. 1960년 동아일보 신춘문예(詩)·1963년 自由文學(문학평론)으로 문단에 데뷔했고, 국제PEN 한국본부 사무국장 및 이사를 역임했다. 제9회 시문학상, 제3회 비평문학상, 펜문학상, 윤동주문학상 등을 수상했으며 한서대학교 교수 및 예술대학원장을 역임했다. 현재 월간『조선문학』발행인 겸 주간으로 있다. 중요 저서로는 시집에『귀로』,『사랑법』,『꽃시집』,『三行詩抄』Ⅰ~XI『諷詩調』,『박진환시전집 Ⅰ·Ⅱ·Ⅲ·Ⅳ』등 34권의 시집이 있고 평론집으로는『한국현대시인론』,『현대시론』,『21C시학과 시법』등 다수와『한국시의 공간구조연구』,『21C 시학』,『시창작론』외 다수의 역저가 있다.

諷詩調를 대두시키면서 그 시학적 이론을 정립하기 위하여 그간 여러 경로를 통해 이론을 전개해왔다. 그러나 새로운 장르에 대한 시학의 정립에 그 답은 쉬 찾아지지 않았다.

나름대로 시 창작 체험, 다른 시학과의 맥락성, 특성을 통한 현대 시학과의 접맥 등을 모색하면서 그때 그때 시론을 제시하는데 만족해야만 했다.

그러면서 諷詩調 詩學과 그 실제를 위해 계간 『諷詩調』를 발간하게 됐고, 이를 통해 諷詩調의 저변을 확대하면서 形而上學과의 맥락 잇대이기, 신비평 시학과의 접맥을 시도하고 실천하면서 장르 정립에 힘을 쏟았다.

본 저는 이 과정에서 씌어졌던 諷詩調에 대한 시학, 시법, 창작 실제, 시인론을 함께 묶었고 여기에 사계의 권위들이 조명해준 고견을 곁들여 『諷詩調 詩學』이란 타이틀로 한권의 책을 엮었음을 밝혀둔다.

— 저자의 책머리글에서

조 선 문화사 / 값15,000원

metaphysical Poetics

형이상시학

2012. 5호 vol. 5

한국형이상시회

■ 권두언

형이상시, 포괄시로 승화돼야

최 규 철 (형이상시회 회장 · 시인 · 문학평론가)

『한국형이상시학』 5호를 낸다. 금년 들어 두 번째로 나오는 본지는 앞으로는 가능한 한 1년에 두 번씩 반 연간지로 발행할 계획이다. 이것은 그만큼 21c 형이상시 운동에 대한 우리 한국형이상시회의 열기가 뜨거워지고 있다는 증거이다.

바야흐로 21세기는 단속적인 디지털 신호의 영향에서 오는 단절과 편린의 불연속성 일변도의 미학이 두드러지게 나타나고 있는 시대이다. 이러한 정보화 사회로 접어들면서 현대인들의 사고 스타일이 근대 사회의 트리형 모델 형태에서 리좀형 모델 형태로 급변하고 있다. 21세기를 맞은 형이상시도 시대정신에 상응한 시로 탈바꿈해가야 할 당위성을 가지고 리좀형 모델을 주목해보고 있다. 주지하다시피 트리형이란 나무줄기와 가지의 결합처럼 중심이 있고 조직적인 논리 체계가 있는 수직형 시스템을 말하는가 하면, 들뢰즈와 가타리가 주창한 철학 이론인 리좀형은 고구마와 감자 등의 알뿌리 식물과 같이 그 중심이 없고 논리적 연결과 질서를 무시한 수평적 시스템을 말한다.

그러나 트리형과 리좀형은 서로 독립적인 관계라기보다는 상호 의존적 관계를 유지한다. 리좀형은 트리형의 잠재성 성향이 있고 트리형은 리좀형의 현실성 성향을 띤다. 리좀형에 좀 더 많은 관계 맺기의 규정들을 가하다 보면 트리형으로 바뀌고 그 관계 맺기의 규정들을 풀어가다

보면 리좀형으로 바뀐다. 따라서 사물에 대한 총체적인 사고력을 가지려고 하면 트리형 모델에서 그의 잠재성 성향이라 할 수 있는 리좀형 모델을 추적해 볼 수 있어야 하고, 반대로 리좀형 모델에서 그의 현실성 성향이라 할 수 있는 트리형 모델의 그림을 그릴 수 있어야 한다. 이와 같은 인식 체계는 그 시인의 통합적 감수성에 의해서 이루어진다. 트리형과 리좀형의 서로 상반된 시스템을 강제적으로 결합하여 또 다른 형태의 새로운 시스템을 창출해내는 형이상시 컨시트의 포괄기능이 있어야 한다는 것이다. 다시 말하자면 어떤 사물을 한 방향으로만 보은 것이 아니라 양방향에서 봄으로써 지상의 수목과 땅속의 알뿌리를 함께 융합하여 전혀 다른 제3의 새로운 시스템 체계질서를 만들어내야 한다는 것이다. 먼저는 땅속에서 따로따로 파편화되어 있는 알뿌리에서, 거기에 잠재되어 있는 나무의 단편적 이미지들을 추출하여 새로운 이미지의 나무 그림을 그려내는 기능이고. 다음으로는 이와 반대로 나무의 중심체계에서 알뿌리의 수평 체계를 추출하여 제3의 리좀형 모텔을 그려가는 기법이다. 이것은 중심 체계로 관계 맺기가 되어 있는 나무의 줄기와 가지와 이파리의 조직이 그와 상반된 시스템인 알뿌리와 결합된 예를 말한다. 오늘날 사물시냐 관념시냐 하는 문제도 서로 독립적인 관계에서가 아니라 상호 의존적 관계에서 사물을 통해서 관념을 보고 관념을 통해서 사물을 보는 포괄적인 안목을 가지고 시를 쓸 수 있어 할 줄 안다.

아무쪼록 21C 디지털 정보와 시대의 리좀형 사상 체계가 주류를 이루고 있는 오늘날, 형이상시가 리좀형 모델을 통해서 트리형 모델을 조명해보는 포괄시로 승화되어야한다는 것이다. 그리하여 형이상시가 21세기의 철학적 특색에 맞추어 하나하나 적용해가는 노력이 필요하다 행각한다.

형이상시학 5호를 발행하면서 잠시 디지털 시대의 리좀형 모델과 형이상시와의 조화를 생각해 보았다.

형이상시의 형이상학

성 찬 경(시인 · 예술원 회원)

영국 형이상학파 시의 창시자라 할 수도 있는 존 던 안에는 또 하나의 존 던이 살고 있다는 농담이 있다. 이 사람이 재크 던인데, 존 던이 경건하고 묵상을 잘 하는 종교적인 인물이라면 재크 던은 세속적인 사교에 능하고 연애도 잘 하는 인물이다.

그런데 이러한 경향은 비단 존 던에게만 해당되는 일이 아니라 모든 사람에게 해당이 된다고 말할 수 있다.

굳이 말하자면 현세적으로 잘 살고 싶은 것도 본능이라면 철학적으로 존재의 의미를 생각하며 영생을 꿈꾸는 것도 일종의 본능이라고 할 수 있기 때문이다.

태양을 중심으로 빙빙 돌고 있는 우리 태양계는 두 가지 힘이 작용하고 있다. 하나는 행성이 달아내지 못하도록 행성들을 묶어두는 구실을 하는 태양의 구심력이요, 또 하나는 태양에 빨려 들어가는 것을 막는 구실을 하는 행성들의 원심력이다. 구심력이 구속을 뜻한다면 원심력은 달아나고 싶은 바람이다. 구심력과 원심력의 균형과 조화에 의해서 태양계의 질서 있는 가족 관계가 유지되고 있는 것이다.

우리 인간의 존재 양식에도 이러한 두 가지의 경향이 팽팽하게 균형을 이루고 있음을 알 수가 있다. 육체는 영혼을 구속하고 영혼은 달아나고 싶어 한다.

정열은 무제한의 자유를 갈구하지만 지성은 냉철을 잃지 않고 절제하며 참는다. 상상은 날고 지성은 제어한다. 어느 쪽이고 한 쪽에 너무 기울면 균형이 깨져 파멸되기 쉽다.

우리의 정신 능력에는 분석과 추리를 할 수 있는 능력이 있는가 하면 더 큰 단유로 종합해나가고자 하는 직관적 능력도 있다. 분석은 계산하고 종합은 희생한다.

분석과 종합 추리와 직관 투쟁과 화해 이 두 가지를 동시에 이룩하려는 염원과 추구가 형이상시의 이상(理想)이라고 말할 수 있다. 형이상시는 뭣하나 버리려 하지 않는다. 존재의 모순적인 양상을 있는 그대로 다 감싸며 함께 가기를 염원한다. 서로 모순적인 극과 극의 화해가 형이상학시의 본질적 구조라 할 수가 있다.

형이상시는 우리 사람을 닮은 데가 있다. 사람은 육신과 영혼으로 구성되어 있지만 겉으로 보기에는 하나다. 하나 안에 둘이 결합이 돼 있는 것이다. 극과 극이 하나로 결합되어 있다는 사실은 기적이나 다름이 없다. 사람이라는 존재가 기적이다. 기적을 낳는 것은 신화(神話)다. 사람의 생존이라는 사실이 이미 신화 안에 있는 것이다.

형이상시 안에 여러 가지 요소가 공존하고 있다는 사실은 보기에 따라서는 너무나 당연한 일이다. 위트, 펀, 아이러니, 컨시트, 유머 등이 서로 불꽃을 튀기며 재미나게 겨룬다. 비수같이 통렬한 비판이 있고 응징이 있다. 그러나 그와 동시에 포근한 관용이 있다. 순간이 기웃거리는가 하면 영원도 도사리고 있다. 아니 영원과 순간이 교차하는 것이다.

수사학적 표현 기법 안에 '공감각(synesthesia)'이라는 것이 있다. '통감각'이라고 번역되기도 한다. 한 감각의 느낌과 인상을 딴 감각에 옮겨서 표현하는 수사적 방법이다. '피리 소리 서늘하다' 이런 구절이 있다면 이것도 '공감각적' 표현이다. '소리'는 청각에 속하는 반면 '서늘하다'는 촉각의 영역에 속하기 때문이다.

'공감각'은 이념과 체질에서 형이상시와 잘 맞는다. '공감각'은 감각 상호간의 소통 교류를 나눔과 공유(共有)와 화합을 지향(志向)하고 있는데 형이상시도 바로 그러하기 때문이다.

아르튀르 랭보는 잘 알려진 그의 시에서 모음 '아'는 까망, '에'는 하양, '이'는 빨강, '우'는, 초록, '오'는 하늘색으로 판단했다. 랭보의 판단이 옳았는지 글렀는지는 따질 일도 아니고 따질 수도 없다. 랭보의 착안이 독특하고 신선하다고 느끼면 그만이다. 나도 졸시「音素考」에서 자음 'ㄱ'을 '가는 행(行)자의 모습'으로 표현한 적이 있다.

형이상시를 세상에 크게 알린 T. S. 엘리어트의 글에 '사상(思想)을 장미 향기처럼 맡는다'는 표현이 나오는데 이런 발상도 같은 유형이라 할 수가 있다.

나는 여기에서 다시 한 번 영성(靈性)의 시를 내걸고 싶다. 이 말은 이미 오래 전에『조선문학』에 발표한 적이 있다.

21세기의 시는 이제 영성의 시를 지향해야 한다고 나는 믿고 있다. 20세기 시의 시대적 특징을 '지성(知性)의 시'로 요약한다면 21세기는 이제 영성의 시 차례다.

'영성의 시'에는 '육체의 시'도 당연히 포함된다. 아무래도 영혼이 육체보다는 상위 개념이기 때문이다.

형이상시는 포용과 종합을 지향한다. 형이상시의 이념으로서 나는 영성의 시가 적합하다고 생각한다.

윌리엄 워즈워스와 汎神論的인 自然神秘主義
_ 形而上詩의 概念 定立을 위한 試論

조 신 권(연세대 명예교수)

序言

지금부터 220여 년 전에 프랑스 시민 혁명이 일어났는데, 이 혁명은 유럽의 지식인들에게 대단한 영향을 주었다. 프랑스 혁명의 정치적 동기가 문학적으로 수용된 것이 낭만주의라면, 그 표현에 힘을 준 것은 루소가 주도했던 자연주의 운동이었다. 루소는 참으로 모순된 사람이라 한마디로 잘라 말하기가 어려운 사람이다. 그가 『에밀』(*Emile*)에서 설명한 감동적인 자연주의 교육관과 자기 자식들을 낳는 대로 고아원으로 보냈던 그의 현실을 어떻게 연결하여 생각하여야 할지 모르겠다. 또 자연으로 돌아가라고 주장하면서도 자신은 계속 귀족의 살롱에 출입했던 것은 어떤 맥락의 일이었는지 모를 일이다. 아무튼 그의 자연복귀 사상은 정신적으로나마 많은 의미를 갖는다. 영국의 낭만주의는 프랑스 혁명의 정치사상과 자연 회귀 사상을 바탕으로 한 19세기 초의 문학 활동이었다. 그리고 이 운동의 대표적인 사람이 바로 윌리엄 워즈워스(William Wordsworth, 1770~1850)다.

워즈워스는 1770년 4월 7일에 호수지방의 코커미우스(Cockermoth)에서 변호사의 아들로 태어났다. 그는 나중에 러스킨이 자리잡은 코니스턴강(Coniston Water) 근처에서 학교를 다녔다. 그러나 그는 8세 때에 어머니를, 그리고 13세 때 아버지를 잃게 되어 후견인의 손에서 성장하게 되었다. 그는 그가 성장한 고장인 호수와 산세가 수려한 것으로 이름 높던 호수지방의 자연에서 많은 영향을 받았다.

한편 그가 케임브리지 대학 재학 시에 일어난 프랑스 혁명(1789년)에서 자극을 받아 인권운동에 열을 올리게 되었다. 그는 대학을 졸업하면서 혁명의 현장을 몸소 살피고자 프랑스로 건너갔다. 그는 프랑스 혁명 당원들과 가까이 지내며 민권 사상을 깊이 받아들이는 한편 오를레앙에서는 안네트 발롱(Marie-Annette Vallon)이라는 자기보다도 4년이나 연상의 여인을 사랑하게 되어 딸 카롤린(Carolyn)을 얻었다. 그는 안네트와 결혼하여 프랑스에 정착할 생각도 하였으나 영국과 프랑스 사이의 관계 악화로 말미암아 귀국을 강요당하게 되어 이 꿈은 실현을 보지 못하였다.

영국에 돌아온 그는 친구가 준 유산의 덕으로 서부 영국에 정착하여 시를 쓰면서 안정된 생활을 하게 되는데, 이때 그의 누이동생 도로시(Dorothy)가 살림을 돌보아 주었다. 1797년에 그는 콜리지(Samuel Taylor Coleridge)를 만나 서로 의기투합, 드디어는 그의 집 가까운 곳으로 이사하여 서머셋에서 살게 된다. 이 세 사람은 오래 동안 단짝이 되어 어울려 살았으며 그 결과로 영국 시단에 새로운 장을 열게 되는 서정 민요집(*Lyrical Ballads*)을 1798년에 브리스틀에서 출판하게 된다. 이 시집은 18세기의 신고전주의 사조에 정면으로 도전을 한 것이라 할 수 있다.

그 후 이 세 사람은 독일로 건너가 고스라르에서 지내다가 돌아와서는 고향 부근의 그래스미어에 집을 마련 이를 도브 코티지(Dove Cottage)라 이름 짓고 정착하였다. 1800년에 『서정 민요집』 제2판을 출판하였는데, 여기에 유명한 서문을 싣고, 그것을 통하여 그의 뚜렷한 낭만주의 시론을 내세웠다. 1802년에 그는 허친슨(Mary Hutchinson)과 결혼하였고, 그 후 얼마 있다가 콜리지와의 사이가 벌어지기 시작하여 1810년에는 둘이 크게 언쟁을 벌이게 되었으며, 그 후 20년간 서먹서먹하게 지내게 되었다. 1843년에 사우디(Robert Southey)의 뒤를 이어 계관 시인이 된다. 그러나 이때는 이미 그의 시의 샘이 마른 지 오래였고, 1850년에 80세의 고령으로 세상을 떠났다.

위에서 간단히 살펴본 바와 같이, 워즈워스는 연대기적으로 보면 형이상시인의 아버지라 일컬어지는 존 던(John Donne, 1572~1631)보다 근 2세기나 뒤진 낭만주의 시대의 대표적인 시인이다. 그런 점에서 고찰한다면 워즈워스를 형이상시인이라 할 만한 아무런 근거도 없고 그런 시도는 어불성설의 논리일 뿐이다. 그러나 시인에 대한 평가는 독자나 비평가가 어떤 관점과 표준을 가지고 보느냐에 따라서 달라지는 것이다. 이미 워즈워스는 문예사조 상으로 볼 때 신고전주의에 반발하여 일어난 낭만주의를 대표하는 시인임에 틀림없다. 그럼에도 불구하고 문예비평의 지평을 아주 넓혀서 보는 평자들 중에는 워즈워스의 시를 단순한 자연시의 계열에 편입시키려 하질 않고 혁명시인으로 보는 경우가 많을 뿐 아니라, 어떤 평자는 워즈워스는 형이상시성이 아주 많은 시인이라고 말하기도 한다. 주로 워즈워스의 시에 나타나는 그의 종교성과 범신론적인 세계관 및 신비주의를 두고 하는 말일 것이다.

우리가 형이상시를 평가할 때 주로 그 기법을 가지고 얘기하는 경우가 많다. 그것이 틀린 것은 아니지만 물론 형이상시성은 내용보다는 그 스타일이나 기법을 가지고 따지는 것이 훨씬 용이하다. 그러나 형이상시는 원래 형이상학적인 인식이나 신비적 체험 또는 기독교적 영성의 세계를 지향하였던 시적 경향이 아주 뚜렷한 시었다. 그런 의미에서 20세기 초에 영국의 비평가 그리어슨(H. J. C. Grierson)의 정의에 유의해 볼 필요가 있다.

"형이상시란, 전체적인 용어의 의미로 보면, 단테의 『신곡』, 루크레티우스의 『자연론』이나 괴테의 『파우스트』처럼 우주에 관한 철학적인 개념과 위대한 존재의 연극 속에서 인간정신이 해 낼 수 있는 임무에 대한 구상에 의해 영감을 받은 것이다."

"Metaphysical poetry, in the full sense of term, is a poetry whuch, like that of the Divina Commedia, the De natura Rerum, perhaps Goethe's Faust, has been inspired by a philosophical conception of the universe and of the role assigned to the human spirit in the great drama of existence."1)

전통적으로 '형이상학'은 실재(實在), 실체(實體), 정신(精神), 물질(物質), 신(神), 인간의 실존(實存) 같은 경험이나 감각에 의해서는 접근할 수 없는 없는 대상의 본성이나 세계의 궁극적 근거 및 인간의 실존적 의미 등을 탐구하는 학문이라 할 수 있다. 즉 우리가 살고 있는 세계는 정신인가 아니면 물질인가? 아니면 양자가 혼합된 것인가? 이 세상을 주재하는 전지전능하고 영원한 신은 존재하는가? 그 신은 인간과 어떤 관계인가? 나는 누구며, 왜 죽어야 되고, 왜 고통을 당하는 것인가? 이런 본질적인 질문을 던지고 그것에 대한 해답을 찾으려는 학문분야가 형이상학이라는 말이다.

문덕수 박사께서는 『오늘의 시작법』에서 "형이상시는 일차적으로 형이상성, 곧 신이나 절대자의 존재 인식과 우주 철학적인 것과 관련이 있는 시다"라고 정의했는데, 필자는 이를 가장 합리적이고 포괄적인 정의로 받아들인다. 그러나 이 정의에는 좀 더 구체적인 명시(明示)와 이차적인 인식과 통찰이 누락되어 있다. 이차적인 것으로 나는 형이상시의 핵심 테마가 되는 신 중심의 세계관과 신비주의, 형이상학적인 가치관과 인생관, 그리고 종교적 영성문제와 인간의 실존문제 등을 첨부 하고 싶다. 윌리엄 워즈워스가 낭만시인이면서도 형이상시성을 지녔다고 하는 것은 내용적으로는 범신론적인 자연신비주의 시인이라는 것 때문이고 시법 상으로는 상반합일의 시법과 통합적 감수성에 익숙하고 능한 시인

1) H. J. C. Grierson, ed., *Metaphysical Lyrics and Poems of the Seventeenth Century* (Oxford: Clarendon Press, 1958), xiii.

이라는 것 때문이다. 아무리 시법이 형이상학적이라 해도 내용이 형이하학적이면 형이상시에 포함시킬 수 없다. 뿐만 아니라 그 내용이 형이상학적이라 하더라도 그 시법이 형이하학적이면 또한 형이상시에 포함시킬 수 없다. 진정한 형이상시는 그 내용과 시법, 양자 다 형이상학적이어야 한다. 우선 워즈워스의 시에 나타나는 형이상성을 천착해보겠는데, 그것은 단적으로 말해서 범신론적인 자연신비주의와 상반합일의 시법이라 할 수 있다.

형이상시의 한 핵심테마: 신비주의

위에서 간단하게 언급한 바와 같이, 원천적으로 형이상시는 형이상성을 테마로 다루게 되는데, 그 중에서도 가장 핵심적인 주제 중 하나가 신비주의에 관한 것이다. 신비주의라 해도 다루는 시인이나 작가마다 점근법이나 초점이 다르다. 워즈워스의 신비주의는 단적으로 말해 자연신론적인 데, 이를 곧바로 논의하기 전에, 독자들의 이해를 돕기 위해, 신비주의가 무엇인가 하는 일반론부터 고찰해 보겠다.

인간들의 정신이 고도로 물질화되고 세속화 되면서 인간들은 신적인 것에 대한 동경 또는 친밀한 관계성을 상실하게 되어 심적으로 불안한 처지에 이르렀다. 그런 위기에 처하여 사람들이 취할 수 있는 방법은 둘인데, 하나는 그대로 위험한 절벽을 향해 전진하다가 추락해서 파멸하는 것이고, 다른 하나는 뒤로 돌아서서 회개하고 신에게로 귀의하는 것이다. 후자의 경우처럼 신에게로 돌아와 신적인 것과의 영적인 융합을 도모하는 종교의식을 통하여 영적인 관계회복을 시도하는 종교심을 신비사상 또는 신비주의라 한다.

신비주의는 보거나 구하는 신비가와 보거나 구하는 것의 대상자인 신, 이 양자가 없으면 성립되질 않는다. 신비가는 그 대상이 되는 신을, "인간의 영혼 속에 신에게로 나아가는 길이 있다"[2]라는 전제 아래, 그 속에서 찾으며, 신과 일원적 존재가 되기 위해서는 신에게로 지향하지 않으면 안 된다고 하는 종적인 입장을 취한다. 신 또는 그리스도에게 접근하고 싶고, 신의 '가까이'에서 살고 싶은 신비적인 지향성, 즉 신인합일(神人合一)의 사상, 곧 그리스도교적으로 말하자면 속세로부터의 이탈해서 만물의 근원이신 신에게로 회귀하고자 하는 것이, 기독교적 신비사상인 것이다. 기독교적 신비사상의 길, 다시 말하면 신과 영적 합일의 길을 지향하는 것은 겸손과 정화에 의해서 자기 자신의 가장 깊은 마음의 내오(內奧)에 침잠하는 것이 긴요한데, 그것은 그때 비로소 신비적인 신인합일에의 길이 신의 은총에 의해 열리게 되기 때문이다. '신비사상'이니 '신비가'니 또는 '신비적'이니 하는 말을 처음으로 그리스도교적으로 사용한 것은 디오니시우스(Dionysius the Areopagite, B.C. 5C말-6C초)[3]라고 하지만, 신비사상에 대한 정의는 매우 어렵다. 앤더스 니그렌은 "신에게로의 내성적인 길"[4]이라 했고, 이블린 언더힐은 "초자연적 질서와 완전하게 조화되고자 하는 영혼의 본래적 경향 표현,"[5] 즉 "실재, 다시 말하면 한껏 고양된 완전한 생명에로 향하는 고도의 탐구형식"[6]이라 하였다. 또한 데이비드 놀즈는 "문자적으로 말하면 그것은 일종의 신인식이다"[7]라 하였고, 합포드는 "일종의 독특한 심령"[8]이라 하였다. 그리고 윌리엄 존슨은 "합일의 체험"[9]이라 하였다. 이렇게 신비사상에 대한 정의는 다

---

2) Rufus M. Jones, *Spiritual Reformers in Sixteenth and Seventeenth Centuries* (Peter Smith, 1871), 133.
3) David Knowles, *The English Mystical Tradition* (London: Burns & Oates, 1964), 2; Don Guthbert Butler, *Western Mysticism* (London: Constable, 1967), 4.
4) Anders Nygren, Agape and Eros (London: U. of Westminster Press, 1953), 516
5) Evelyn Underhill, Mysticism (New York: E. P. Dutton & Co., 1962), xiv.
6) *Ibid.*, 93.
7) Knowles, 2.
8) P. C. Happold, *Mysticism* (Harmonthworth: Penguin Books, 1964), 39.
9) William Johnson, *The Still Point* (New York: Harper & Row, 1971), 69.

양하고 난해한데, 그리스도교적 신비사상을 탐구하는 인지는 "신비사상이라고 하는 말만큼 가감하여 사용되는 말은 우리말의 다른 예는 없고, 사회주의라고 하는 말도 이 정도는 아니다"[10]라 하였고, 이트라트 후세인도 "오늘날 신비사상이라고 하는 말만큼 잘못 사용되는 것도 없다"[11]고 하였다. 그러나 가장 확실한 견해는 신비사상이란 신과의 접촉, 신의 임재체험이라고 하는 신비체험의 길 또는 신과의 영교의 길에 대한 해명이라 할 수 있다. 이런 신과의 접합 또는 신과의 영교를 신비체험이라고 풀어 말하는 종교 신비사상을 대별하면, 마이스터 에크하르트(Meister Eckhart, 1260~1327)로 대표되는 신 중심적 신비사상(Theocentric Mysticism)과 클레어보의 성 베르나르(St. Bernard of Clairvaux, 1090~1153)나 토머스 아켐피스(Thomas A Kempis, 1380?-1471)의 신학에서 보는 바와 같은, 그리스도 또는 그리스도 수난과의 일치를 중심으로 하는 그리스도 중심적 신비사상(Christocentric mysticism) 또는 수난 신비사상(Passion-mysticism)이 있다. 후자의 경우 그리스도인의 생활 전체가 그리스도의 생애에 대한 명상으로서, 그리스도처럼 되는 것이 그 목적인데, 그리스도의 고난과 죽음이 그 중점이 된다.[12] 그리고 헨리 보온이나 윌리엄 워즈워스의 시에서 보는 바와 같은 자연과의 일치를 중심으로 하는 자연신비주의(nature mysticism)도 있다. 이만큼 신비주의에 대한 개념 정리를 해놓고 워즈워스이 자연신비주의 사상을 고찰해 보겠다.

저려오는 신비적 체험

콜리지와의 두터운 철학적 교제를 통해 시상이 성숙하게 되어 쓴 시가

10) William Ralph Inge, Christian Mysticism (London: Burns & Oates, 1899), 3.

11) Itrat-Husain, *Mystical Element in the Metaphysical Poets of the Seventeenth Century* (New York: Biblo and Tennen, 1966), 193.

12) Nygren, 662-663.

바로 「틴턴 사원」(*Tintern Abbey*)이다. 이 시는 초기의 명시로서 그가 아주 가난하고 불우했던 생애 중 가장 정신적 안정을 누릴 수 있었던 시기(1798)의 작품이다. 그는 이 시의 모두에서 다사다난했던 1793년 정신적 위기[13] 이래의 지나간 5년을 회고하면서 젊은 기백과 오만가지 감회 속에 시인이 된 자신을 돌아본다. 너무나 세무풍습(世務風習)에 억눌렸던 아득한 5년 간 와이 강변의 산자수명(山紫水明)한 자연미를 감상회고하면서 또다시 순수한 자아로 돌아온 듯 과거의 추억으로 무한한 '축복의 마음'을 얻게 되는 것이다.

다섯 해가 지나갔다. 다섯 여름이 다섯 긴
겨울과 함께 지나갔다! 다시 나는 듣는다
부드러운 내륙의 속삭임과 더불어 산중의 수원에서
굴러 흐르는 이 강물 소리를. 다시 한 번
이 가파르고 높은 절벽을, 나는 본다
황량하고 고립된 장면에
보다 깊은 격절의 생각을 심어주고,
풍경을 하늘의 고요와 연결 지어 주는.
내 다시 여기 이 울창한 시커모 나무 아래서
쉴 날이 왔다. 그리고 이 계절에는
덜 익은 열매로 초록빛 옷을 입게 되고
숲과 덤불 속에 그 모습이 가려지는
이 오두막집의 터, 이 과수원 숲을
볼 날이 왔다. 다시 한 번 나는
이 산울타리들, 울타리라기보다는 오히려 제멋대로 자란
까부는 나무들의 가는 줄을 본다. 바로 문까지 푸른

13) H. W. Garrod, *Wordsworth* (Oxford, 1927), 75-76.

이 목가적 농장들을, 그리고 나무들 사이로,
조용히 솟아오르는 화환 같은 연기를!
이것들은 집 없는 수풀 속에 있는 떠도는 거주자들이나
또는 화롯불 가에 홀로 앉아 있는
어떤 은둔자의 동굴이 있는 듯이
조금은 어렴풋이나마 알려준다.

Five years have passed; five summers, with the length
Of five long winter! and again I hear
These waters, rolling from their mountain springs
With a soft inland murmur. Once again
Do I behold these steep and loft cliffs,
That on a wild secluded scene impress
Thoughts of more deep seclusion; and connect
The landscape with the quiet of the sky.
The day is come when I again repose
Here, under this dark sycamore, and view
These plots of cottage ground, these orchard tufts,
Which at this season, with their unripe fruits,
Are clad in one green hue, and lose themselves
'Mid groves and copses. Once again I see
These hedge rows, hardly hedge rows, little lines
Of sportive wood run wild: these pastoral farms,
Green to the very door; and wreaths of smoke
Sent up, in silence, from among the trees!
With some uncertain notice, as might seem

Of vagrant dwellers in the houseless woods,
Or of some Hermit's cave, where by his fire
The Hermit sits alone. (Tintern Abbey, Lines 1-22)

1798년 7월 1일 와이 강변을 다시 유람하게 되었을 때 틴턴 사원으로부터 수마일 떨어진 상류에서 지은 시의 제1연이다. 이 시행에서는 시인 자신이 직접 보고 들은 눈앞의 실경(實景)과 상상적 풍경을 묘사하고 있다. 18행까지는 사실적인 자연묘사고 그 다음의 4행은 그의 상상적 세계라 할 수 있다. "이것들은 집 없는 수풀 속에 있는 떠도는 거주자들이나/또는 화롯불 가에 홀로 앉아 있는/어떤 은둔자의 동굴이 있는 듯이/조금은 어렴풋이나마 알려준다." 눈앞에 보이는 자연미에 대한 단순한 감각적 쾌락에서 상상적 풍치에 대한 복잡한 사상적 환희에로 평온하게 발전해 나가는 것을 볼 수 있다.

위의 시구에서 보듯이 자연의 아름다운 풍경은 고요한 명상적 음악이 되어 흐르고 농작물도 덤불도 과일이 여무는 푸른 과수의 무성함도 오직 녹화일색(綠化一色)이어서 아름다운 삼림과 덤불숲의 푸른 원경(遠景)을 구별하지 못할 정도다. 이 수행이야말로 실경을 언어로 아름답게 표현한 상상의 묘사다. 인위적인 '산울타리'(hedge-rows)라는 말의 반복과 각 두운(alliteration)들은 마치 제멋대로 자라는 난잡한 관목 숲이 펼쳐져 있듯이 아주 자연스럽고 목가적 농장은 문간까지 파릇파릇 녹색으로 덮여 있고 숲 사이로 묵묵히 솟아오르는 연기의 소용돌이와 그 연기의 근원인 분화(焚火)를 피우는 인물 등을 지극히 천연스럽게 상상하여 묘사한 수법이야말로 천의무봉(天衣無縫)이라 아니 할 수 없다. 이 아름다운 자연풍경은 시인에게 감미로운 쾌감을 주어 평생토록 시 창작생활의 정신적 지주가 되어서 시인으로 하여금 만유가 유전이라는 불멸의 존재를 느끼게 함으로써 자연 가운데서 만유의 생명을 통찰할 수가 있었다.

이 자연의 아름다움은 그에게 쾌감을 주어 고독한 때나 추억에 싸여 있을 때라도 청년 워즈워스의 기쁨은 피를 끓게 하고 용기를 북돋아 주어 원기를 회복시켰던 것이다.

이 아름다운 모습들은,
오랫동안 떠나 있긴 했어도, 내게는
장님 눈에 풍경 같지는 않았고,
자주 외로운 방에서, 그리고 읍내와 도시들의
소음 속에서, 나는 지루한 시간에
감미로운 감각들을 그것들에서 얻었었다.
피 속에서 느끼고, 심장을 따라 느끼고,
보다 순결한 내 마음 속으로까지 스며들어,
고요히 되살아나는 감각들을 또한 기억에서
잊혀진 쾌락의 느낌들을. 그런 것들은 어쩌면
선량한 사람들의 생애의 가장 좋은 부분에,
그의 작고, 이름 없고, 기억되지 않는,
사랑과 친절의 행위에 적지 않은 또는 보잘것없지 않은
영향을 끼치리라. 이에 못지않게 내가 믿는 것은
보다 숭고한 또 다른 하나의 선물을 그 모습들에게
얻을 수 있다는 것이다. 즉 신비의 짐이,
이 모든 이해할 수 없는 세계의 무겁고
지리한 짐이 가벼워지는
저 복된 기분을 - 애정들이 부드럽게
우리들을 인도하여, 마침내는 이 육신의 숨결과
우리 인간의 혈액의 운동조차 정지되어,
우리가 육체로 잠이 들어 살아 있는 영혼이 되는

저 평화롭게 축복된 기분을.
한편 조화의 힘과 환희의 깊은
힘에 의해 고요해진 눈으로
우리는 사물의 생명을 투시한다.

These beauteous forms,
Through a long absence, have not been to me
As is a landscape to a blind man's eye:
But oft, in lonely rooms, and, mid the din
Of towns and cities, I have owed to them,
In hours of weariness, sensations sweet,
Felt in the blood, and felt along the heart;
And passing even into my purer mind,
With tranquil restoration:—feelings too
Of unremembered pleasure: such, perhaps,
As have no slight or trivial influence
On that best portion of a good man's life,
His little, nameless, unremembered, acts
Of kindness and of love. Nor less, I trust,
To them I may have owed another gift,
Of aspect more sublime; that blessed mood,
In which the burthen of the mystery,
In which the heavy and the weary weight
Of all this unintelligible world,
Is lightened:—that serene and blessed mood,
In which the affections gently lead us on,—

Until, the breath of this corporeal frame
And even the motion of our human blood
Almost suspended, we are laid asleep
In body, and become a living soul:
While with an eye made quiet by the power
Of harmony, and the deep power of joy,
We see into the life of things.(Tintern Abbey, ll. 23-50)

"이 아름다운 모습들은,/오랫동안 떠나 있긴 했어도, 내게는/장님 눈에 풍경 같지는 않았다"라고 말한 것은 감각적으로는 자연경치가 눈에 보이진 않지만 정신적으로는 현실에 없는 경치를 상상력으로 창조 재현 할 수 있다는 뜻이기도 하다. 이렇게 잊혀 있던 기쁨을 다시 느낄 뿐만 아니라 이러한 경험에 의해서 그는 더욱 숭고한 선물을 자연 속에서 얻을 수 있었다.

"이에 못지않게 내가 믿는 것은/보다 숭고한 또 다른 하나의 선물을 그 모습들에게/얻을 수 있다는 것이다"라는 시행들 속에서 숭고한 선물을 구체적으로 설명하고 있다. 이 선물이야말로 그가 아름다운 자연현상과 직면했을 때에 체험하는 일종의 신비적 체험과 어떠한 관계를 맺고 있는 것으로서 가지가지 인생고를 덜어주는 '신비적 힘'이었다. 그는 이러한 신비적 체험 가운데서 자연을 다만 물질만의 맹목으로 보질 않고 인생고에 어떠한 '치유력'(healing power) 또는 '정화의 빛'(holy light)을 비춰주는 한 층 숭고한 존재가 있는 것으로 느꼈다. 이러한 축복받은 기분으로 고요히 회상할 때 그는 "이 모든 이해할 수 없는 세계의 무겁고/지리한 짐이 가벼워지는/저 복된 기분을—애정들이 부드럽게/우리들을 인도하여, 마침내는 이 육신의 숨결과/우리 인간의 혈액의 운동조차 정지되어,/우리가 육체로 잠이 들어 살아 있는 영혼이 되는/저 평화롭게 축복된 기분을" 느끼게 되었던 것이다.

이런 경지에 이르게 되면 자연의 애정이 인간의 육체를 어둡고 무거운 짐에서 벗어나게 하여 영원무궁한 생명에로 들어갈 때가지 이끌어가는 것이다. 이런 경지는 범신적이기는 하지만 재생과 부활의 세계를 제시해 주기도 한다. 자연에 대한 신앙심이 생기어 맑고 정화된 침착한 심안을 통하여 직관할 때에 자연 속에 생명 있는 존재를 들여다 보게 된다. 자연에서 애정을 느끼면 그 애정은 인간의 육신을 잠들게하여 영혼은 '생령'(living soul)이 되도록 이끌어 준다.

이 상태는 호흡도 혈액의 순환도 멎고 육신은 잠들어 오래 '산 영혼'으로 되돌아가는 평온하고 시간을 초월한 복 받은 기분, 이것이 황홀(ecstasy)의 경지다. 이 경지에서 눈은 청정해져서 만유의 의미를 창조하신 하나님을 보게 된다. 그런데 이 복받은 기분 즉 황홀의 경지가 바로 저려오는 신비적 체험의 순간으로서 현실 세계는 소멸되고 이성의 정묘한 철학보다 더욱 오묘한 진리가 시현하게 된다. 이렇게 해서 감각의 문이 열리면 모든 물상은 그 둘러싼 잡물로부터 이탈되어 물상 자체의 본연의 모습을 나타내어 판연한 명확성을 회복하게 된다. 이 감각은 물상의 심연에 깊이 들어갈수록 더욱 예민 격렬해 져서 감각의 빛은 사라지고 무형의 정신적 세계가 번쩍 비치는데, 그 빛으로 지각이 정화되어 만물을 있는 그대로 그 본연의 자태로서 무한하게 보게 되는 것이다. 이 지각의 문이 정화되면 어느 듯 지각하면서 무지각하는 능력, 사물과 동화되어 영원무한계로 들어가는 무지각의 능력으로 또 하나의 높은 단계인 유무의 합일, 곧 주객, 영육합일의 이상향에 도달하면 여기에는 정의할 수 없는 하나의 실재 생명 곧 사랑이 있을 뿐이다. 이것이 바로 저려오는 신비적 체험이라 할 수 있다. 이는 신비적 체험의 모순법적 표현이다.

범신론적 자연신비주의

워즈워스는 후기에는 기독교로 귀의하지만 초기에는 범신론자였다. 그래서 그는 모든 생명 있는 것들 속에 신 혹은 영원무궁의 실재가 편재한다고 믿었다.[14] 제임즈 맥퍼슨에 따르면 그는 신을 "자연의 모든 사물에 생명과 운동력을 주는 편재한 정신"[15]으로 보았다. 즉 그들은 자연계의 사물, 태양, 달, 별, 바람, 숲, 연못, 샘, 시내 등속에 위대한 큰 영의 존재(great soul)[16], 영원무한 한 실재가 있다고 믿었던 것이다. 그 위대한 영을 인도 바라문교(힌두교)에서는 범(梵, Brahman)이라고 한다. 브라만은 최고 원리이며 자존적이다. 이 브라만은 보이는 현실 세계의 변화하는 다양한 것들이 흘러나오는 단일하고 무한하며 불변하는 완전한 포괄적(包括的) 실재이다. 이 위대한 영으로부터 유출(流出)된 모든 것들 속에는 신성 즉 초자연적인 힘이 들어있다고 한다. 이 사상을 우리는 흔히 범신론(Panpsychism or Pantheism)이라고 한다. 이것은 다분히 모든 자연이 영혼을 가지고 살아 있다고 하는 물활론(物活論)적인 현상임에 틀림없다.

범신사상에 따르면 신은 자연의 온갖 사물 속에 편재하며 생명과 활력을 주는 위대한 영이다. 힌두교의 근본적인 신조는 신은 세계의 영이므로 온 자연 속에 편재한 다는 것이다.[17] 땅위에 생존하는 모든 것은 신성하며 그 신은 우주에 보편적으로 존재한다고 한다. 그러한 실재요 불멸하는 존재로서 모든 것을 포섭하는 궁극적인 실재와 하나가 될 때 최대의 희열과 자유를 누릴 수 있는 것이다.

그리고 이 자존자인 브라만과 개별적인 자아(atman)가 합일하여 일여

---

14) Mircea Eliade, vol. 11, 165; Paul Edwards ed., *The Encyclopedia of Philosophy* (New York:Macmillan Publishing Co., 1967), vol. 6, 32.

15) James Macpherson, *An Introduction to the History of Great Britain* (London, 1871) p. 314; Paul Edwards ed., vol. 6, 32.

16) James Macpherson, 314.

17) James Macpherson, 215.

(一如)가 되는 것을 신비주의라고 한다. 범아 일여 사상도 일종의 주관과 객관의 합일이라고 볼 수 있다. 신비주의 또는 신비사상이라고 하는 것은 매우 그 어의가 다양하고 복잡하지만, 단적으로 말하면 "궁극적인 실재와의 인간의 교통"[18]을 통하여 최고의 기쁨(엑스타시)을 얻는 것이요면 여행을 떠나는 것 같은 "비약"(flight)[19]을 경험하는 것이다. 또한 "신비주의는 현세에서 종교적 경험을 통하여 취득할 수 있는 신에 관한 직접적 지식이라"[20] 할 수 있다. 이런 범신론적 자연신비사상이 그의 시 속에 얼마나 스며들어 있는지를 살펴보겠다.

워즈워스의 범신론은 '만물은 정신'이라는 범심론(Panpsychism)을 거쳐서 이른 것이라 할 수 있다. 이 정신을 다시 찾아 올라가면, 그곳은 곧 신의 세계이니까 신은 곧 만물이고, 만물은 곧 신이라는 사상이다. "틴턴 사원"에서는 자연과 신간에는 구별이 없고, 만상(萬象)이 곧 신안에서 융합되는 바, 신인영교(神人靈交)의 경지에서만 만물의 자연은 신과 하나가 되는 것이다. 특히 여기서 강조하여야 할 것은 그의 자연에 대한 신앙이 어느 시인의 경우보다 특이한 것과 마찬가지로, 그의 범신론도 이미 범신성을 떠나서 기독교의 유일신에 접근하고 있다는 점이다.

나는 느꼈다,
드높은 사상의 기쁨으로 내 마음을 설레게 하는
존재를, 한층 더 깊이 침투되어 있는
어떤 존재에 대한 숭고한 의식을.
그 존재의 집은 저무는 태양의 빛이요,
둥근 대양과 살아 있는 공기며,

18) W. Inge, *Mysticism in Religion* (Philadelphia: Westminster Press, 1974), 18.
19) Margaret Smith, *The Way of the Mystics: The Early Christian Mystics and the Rise of the Surfs* (New York: Oxford UP, 1976), 4.
20) *The Oxford Dictionary of the Christian Church* (New York: Oxford UP, 1983), 952.

푸른 하늘이며, 그리고 인간의 마음속에 있다.
모든 생각하는 것들을, 모든 사고의 대상들을
추진시키고, 모든 사물 속을 흐르는
운동과 정신을.

I have felt
A presence that disturbs me with the joy
Of elevated thoughts; a sense sublime
Of something far more deeply interfused,
Whose dwelling is the light of the setting suns,
And the round ocean and the living air,
And the blue sky, and in the mind of man:
A motion and a spirit, that impels
All thinking things, all objects of all thought,
And rolls through all things.

여기서 워즈워스는 그의 마음을 설레게 하는 존재를 태양의 빛, 대양과 공기, 푸른 하늘과 인간의 마음 곧 자연과 동일시하고 있다. 생명의 정신(life spirit)은 비약적 진화를 하는 생명의 내적 충동력이며, 만상 속에 흐르는 생의 활동력이요, 우주생명의 순수 지속력이다. 이런 우주생명의 힘이라면 신과 무엇이 다르겠는가? 이런 점에서 본다면 워즈워스에게 있어서 신은 만상과 모든 자연 속에 존재한다고 믿었던 것이 틀림없는 것 같다. 몇 개의 시에서 이런 범신성을 찾아보겠다.

고요하고 풍만하고 아름다운 저녁,
숨죽이고 예배드리는 수녀처럼

조용하고 거룩한 시간, 환한 대낮의 해는
고요히 지고 있고
바다에는 하늘의 안온함이 깔린다.
들으라! 힘센 존재(신)는 깨어나
그 영원한 거동으로 끝없이
천둥과 같은 소리를 낸다.
여기서 나와 함께 걷고 있는 귀여운 아이! 귀여운 소녀!
네가 엄숙한 사상에 사로잡히지 않은 듯해도
너의 본성이 덜 성스러운 것은 아니다.
너는 일 년 내내 아브라함의 품에 안겨
성전의 지성소(至聖所)에서 경배하기에
우리가 알지 못할 때에도 하나님은 너와 함께 있도다.

It is a beauteous evening, calm and free;
The holy time is quiet as a Nun
Breathless with adoration ; the broad sun
Is sinking down in its tranquillity ;
The gentleness of heaven is on the Sea ;
Listen! the mighty Being is awake,
And doth with his eternal motion make
A sound like thunder - everlastingly.
Dear child! dear girl! that walkest with me here,
If thous appear untouch' d by solemn thought
Thy nature is not therefore less divine.
Thou liest in Abraham's bosom all the year,
And worshipp'st at the Temple's inner shrine,

God being with thee when we know it not.

— William Wordsworth, By the Sea

이 시는 워즈워드가 프랑스에 머물고 있는 동안 발롱(Anette Vallon)과의 사랑의 열매로서 얻은 칼로린(Carolin)과 함께 도버 해협의 프랑스 항구인 칼레(Calais) 해안을 거닐며 받은 신비로운 감정을 형상화한 14행시 소네트다. 숨을 죽이고 예배드리는 수녀처럼 경건하고 고요한 저녁, 해가 지고 바다에 하늘의 안온함이 깔리는 순간, 파도 소리는 우레와 같이 울려 퍼진다. 그 순간 워즈워스는 경이로운 힘을 체감하며 수면에 운행하는 신성을 느꼈던 것이다.

「누가복음」에 나오는 부자와 같이 물질적인 풍요로움을 누리며 세속에 깊이 묻혀 있는 어른들보다도 나사로와 같이 심신이 모두 가난하고 천진난만한 어린 딸에게서 그는 자연과 직관적으로 영교를 나누며 낙원의 축복을 누리는 거룩한 모습을 볼 수 있었다. 그것을 찬양하기 위해 그는 성경적 인유를 끌어들여 '너는 일 년 내내 아브라함의 품에 안겨 성전의 지성소에서 경배한다'고 하였다. 여기서 그는 자연과 영교를 나누는 어린 딸 칼로린을 대제사장에 비유하고 있다. 그렇다면 성전의 지성소란 신이 임재 하는 곳, 곧 경건한 자연을 가리킨다고 할 수 있다. 어른들보다는 어린 아이들이 하늘나라에 더 가까이 있음을 워즈워스는 강조한 것이다.

구약시대의 성전 구조는 세 부분으로 나뉘어져 있었다. 즉 그것은 이방인의 뜰, 성소, 지성소(Holy of Holies)로 구분되어 있었는데, 이방인들은 성전 밖에 있는 이방인의 뜰에만 들어올 수 있었고, 이스라엘 사람들은 성전 안에 있는 성소에 들어와 예배할 수 있었다. 그러나 성전 가운데서도 가장 거룩한 곳으로 성별된 지성소에는 기름부음을 받은 대제사장만이 들어가 하나님과 직접 교제를 나눌 수 있었다. 이런 성전 구조와 묘사를 배경으로 하여 워즈워스는 자연과 직접 영교 하는 딸을 지성소에서 경배하는 대제사장에 비유했던 것이다. 결국 이 시에 나타나는 성경적 인유에 대한 지식을 통해서 볼 때 자연은 하나님이 계시는 성전이요, 심신이 모두 가난하고 천진난만한 칼로린과 같은 사람은 지성소에서 직접적인 영교를 신과 나누며 합일의 축복과 환희를 누리는 대제사장과 같은 것이다. 이 시는 다분히 기독교적인 유일신에 가까운 신을 섬기는 범신론을 설파한 시라 할 수 있다. 다음 "웨스트민스터 다리 위에서 지은 시"라는 시를 하나 더 살펴보겠다.

땅 위에 이보다 더 아름다운 것은 다신 없으리라,
이처럼 감동적인 장엄한 정경을
그냥 지나쳐 버리는 자는 그 영혼이 무딘 사람이리라.
이 도시는 지금, 옷 마냥, 아침의
아름다움을 입고 있다. 조용히 벌거벗고
배도, 탑도, 대저택도, 극장도, 사원도,
들을 향해, 하늘을 향해 누워 있다,
연기 없는 대기 속에 모두 찬란하게 빛나며.
태양도 일찍이 이보다 더 아름답게
그 첫 광휘로 골짜기와 바위와 언덕을 비춘 일 없으리.
이처럼 깊은 고요를 나는 본 적도 느낀 적도 없노라!
템즈 강은 유유히 마음대로 미끄러지듯 흐르고
아, 사랑하는 신이여! 집들은 잠든 듯하고
저 강대한 심장은 고요히 누워 있도다.

Earth has not anything to show more fair:
Dull would he be of soul who could pass by

A sight so touching in its majesty:
This City now doth, like a garment, wear
The beauty of the morning; silent, bare,
Ships, towers, domes, theatres, and temples lie
Open unto the fields, and to the sky
All bright and glittering in the smokeless air.
Never did sun more beautifully steep
In his first splendour, valley, rock, or hill;
Ne'er saw I, never felt, a calm so deep!
The river glideth at his own sweet will:
Dear God! the very houses seem asleep;
And all that mighty heart is lying still!

— Composed upon Westminster Bridge

이 시는 이른 아침에 웨스트민스터 다리 위에서 장엄한 런던의 정경을 보면서 지은 14행시다. 마치 여장(女裝)을 한 듯한 아름다운 런던 시가 조용히 벌거벗고 들과 하늘을 향해 조용히 누워 있다. 조용히 벌거벗고 누워 있는 그녀를 향해 아폴로 신이 4륜 마차를 타고 행차하듯이 태양이 장엄하고 찬란하게 떠오르는 것을 보며 감탄을 발한 시다. "조용히 벌거벗고/배도, 탑도, 대저택도, 극장도, 사원도,/들을 향해하늘을 향해 누워 있다,/연기 없는 대기 속에 모두 찬란하게 빛나며"라고 한 구절과 "아, 사랑하는 신이여!"를 보면 자연과 신을 동일시하고 있는 것이 거의 틀림없고, 자연을 강력한 살아 있는 영으로 보고 있다는 것도 확실하게 알 수 있다. 이 시에서도 우리는 범신론적 자연신비주의를 감지할 수가 있다. 고요히 누워 있는 '강대한 심장'은 런던 시를 가리키는 비유다. 여자에 비유한 런던시가 조용히 벌거벗고 태양신 앞에 누워 있는데, 이런 일은 실로 감대한 심장을 가진 여자가 아니고서는 도저히 할 수가 없는 일이다. 런던은 그만큼 강대한 도시인 동시에 태양신과의 합일을 열렬히 갈망하는 욕구와 종교적 신비가 깃든 도시라는 것을 알 수 있다. 관능적이라고 할 수 있으리만큼 대담한 표현을 통하여 범신론적 자연신비주의를 표출한 시다.

상반합일의 시법

워즈워스는 본질적으로 만유의 궁극적 원리가 무한하고도 완전한 생명 정신이었기 때문에 낙관론자라 할 수 있다. 그러므로 악이 존재함에도 불구하고 세상은 좋은 곳일 뿐 아니라 그 도처엔 기쁨이 펼쳐져 있다고 생각하였다. 원래 워즈워스는 자연을 즐기며 자연의 사제로서 자연을 섬기며 살아가는 신도였다. 대체적으로 그가 노래한 자연은 아름답고 선한 것으로 찬미되어 있다. 그러나 그의 유명한 설화시(narrative poems) 중에는 비애의 제재를 담은 것들이 상당수 있다. "릴스톤의 하얀 암사슴"(White Doe of Rylstone), "룻"(Ruth), "방랑자"(The Wanderer) 가운데 나오는 마가렛(Margaret) 이야기 등은 인생의 갈등과 고뇌, 불안, 비참, 죄악을 자연의 순수무구, 조화, 행복과 대조 병치시킨 경우가 많다. 이런 대조의 기법을 통하여 시인은 우리로 하여금 불안과 고뇌 가운데서도 행복과 아름다움을 갖게 한다. 워즈워스의 시의 위대성은 대조 병치 등의 기법을 통하여 고난을 행복으로 변성시키는 힘 가운데 나타난다.

우주 모든 영역에 존재하는 모든 부정과 모순은 '양극의 원리'(Extreme meet)에서 나오는 것이며, 그것이 없으면 우주는 전연 존재하지 못한다는 것이다. 자연과 유한한 정신인 세계는 그 속에 이 부정이 있기 때문에 세계로서의 존재를 갖고 신의 부분적 현현이 되는 것이다. 이렇게 볼 때 우주의 전 생명은 신에게 귀일 또는 신과 화해하기 위한 신음이며 진통이라 할 수 있다. 오직 모든 갈등과 불안과의 깊은 관계, 말하자면 인간과 그 유한한 존재를 완전히 부정함으로써 그리고 신에게 완전히 자기를 굴복시킴으로써 비로소 신에게로 돌아가는 것 곧 귀의가 이루어진다.

워즈워스는 신과 인간, 영원과 시간, 하늘과 땅, 낮과 밤, 아름다운 것과 추한 것 등을 다른 형이상시인들과 마찬가지로 대조 병치시켜서 새로운 의미로 합성하는 시법에 능한 시인이었다. 간단한 시를 예로 들어보겠다.

하늘에 무지개 바라보면
내 가슴 뛰노라.
내 목숨 시작될 때 그러했고
어른이 된 지금도 그러하니
늙어서도 그러하리라.
 아니라면 죽음만도 못하리!
어린이는 어른의 아버지
원컨대 내 생애의 하루하루가
자연의 경건함에 이어지기를.

— 무지개의 전문

My heart leaps up when I behold
 A rainbow in the sky:
So was it when my life began;
So is it now I am a man;
So be it when I shall grow old,
Or let me die!
The child is father of the Man;

And I could wish my days to be
Bound each to each by natural piety.

— When I Behold the Rainbow

이 시는 낭만주의시인 윌리엄 워즈워스는 어린 시절 찬란한 무지개를 보고 가슴이 뛰었던 순간을 회상하면서 죽을 때까지 그 리듬이 계속되기를 바라며 쓴 시다. 특히 그는 창작의 원동력인 '상상의 빛'(visionary gleam)을 되찾기 위하여 유년기의 회상을 가장 중시하였다. 워즈워스가 회상하는 어린 시절은 '천상의 빛'(celestial light)에 둘러싸인 '자아'임으로 언제나 '축복의 마음'을 일으켜 주었고, 소멸해 가는 '상상의 빛'을 회복시켜 주는 원동력이 되었다. 광대무변하고 순결한 어린 아이의 영혼을 통하여 보는 자연은 모두 찬란하고 아름다웠으나, 지금은 그 영혼이 진세(塵世)의 번뇌와 세무풍습에 억눌려서 그 영감을 잃어버려 가고 있다는 것이다. 그것이 못내 아쉽고 천상적인 영혼이 찬란하게 불멸하는 것처럼 세상에 태어난 연혼도 자연의 경건에 날마다 매이기를 원한다.

여기서 그는 하늘과 땅, 무지개와 인생, 어린이와 어른, 아이와 아버지, 젊은이와 늙은이, 나의 날들과 자연의 경건 등을 대조시켜 결국 자연의 순수무구와 경건이 어른의 아버지 곧 신과 같다고 한다. '자연의 경건'(natural piety)에 대한 체험은 워즈워스로 하여금 사제가 지성소에서 제사를 드릴 때처럼 거룩하고 엄숙하게 시를 쓰게 하였다. 땅의 존재인 인간의 가슴은 땅의 것으로 뛰는 것이 아니라 하늘의 무지개 곧 '천상적인 빛'과 하나가 될 때 고동친다는 것이다. 가슴의 고동은 순진할수록 더욱 진동하게 되는 것이니 만큼 인생살이 하루하루가 자연의 경건 곧 신과 합일되어 있기를 바란다.

성인이 된 시인 자신은 일생 동안 자연미를 섬기는 자연의 사제(Nature's Priest)가 되어 항상 어린 시절을 회상함으로써 어린 아이의 감정을 되살려 창작력인 '천상의 빛'을 되찾을 수 있고, 나아가서 자연과의 영교를 통하여 영혼의 선재를 회상하는 어린 아이가 망향(望鄕)하는 '상상의 빛'의 근원인 신의 나라를 되찾을 수 있다고 주장한다. 워즈워스에 의하면 신의 품 안에 살다가 현세에 태어난 인간의 영혼은 공허한 것이 아니라 선한 신성(神性)의 싹을 받아가지고 왔다는 것이다. 그러나 영생의 진리가 깃들어 있는 이 영혼이 어린이가 생장함에 따라 세속적 풍습과 속세의 욕기(慾氣)로 말미암아 그 천상적인 빛의 영감이 감퇴해짐으로 인간은 깊은 반성과 본유적인 정신생활을 지속해야 하는데, 대자연과의 영교에 의해서 어린 시절의 직관적 신앙을 그대로 성인의 지혜로 발전시키도록 힘써야 한다는 것이다. 시인은 자연의 사제 역할을 대조의 기법을 통해 잘 수행함으로써 늘 영성을 유지하며 좋은 시를 쓸 수 있었다.

다음 시구는 「틴턴 사원」에서 인용한 것이다.

애정들이 부드럽게
우리들을 인도하여, 마침내는 이 육신의 숨결과
우리 인간의 혈액의 운동조차 정지되어,
우리가 육체로 잠이 들어 살아 있는 영혼이 되는
저 평화롭게 축복된 기분을.
한편 조화의 힘과 환희의 깊은
힘에 의해 고요해진 눈으로
우리는 사물의 생명을 투시한다.

In which the affections gently lead us on,—
Until, the breath of this corporeal frame
And even the motion of our human blood
Almost suspended, we are laid asleep

> In body, and become a living soul:
> While with an eye made quiet by the power
> Of harmony, and the deep power of joy,
> We see into the life of things.
> (Tintern Abbey, ll. 42-50)

여기서도 시인은 인간계와 자연계, 즉 내적 세계와 외적 세계가 상충하고 충돌하는 질풍노도와 같은 경지를 노래한 것이 아니라 이 상충 되는 요소들이 혼연 일체가 되어 융합되는 고요하고 평온한 축복 받은 기분을 노래하였다. 시인 또는 인간이 주관을 자연(객관) 속에 몰입시켜 안과 밖이 합일한 주객융합(主客融合)의 신비경이 되면 만유의 생명을 통찰할 수 있다는 것이다. 이러한 신비한 매력은 맑은 정서와 심오한 사상의 혼연한 융합을 보여준다. 그에 의하면 '상상의 빛'이란 대상을 그 속에 내재하는 무한한 분열 모순을 지양하여 조화통일체로 인정하고 물상의 본체로서의 유기적 관계에 있는 이상세계를 창조하는 능력인 것이다. 이와 같이, 그는 여러 상충되는 것들을 병치시켜 기발한 감동을 주고, 새로운 의미를 만들어내서 시에 참신성을 더 해주고 있다.

結言

워즈워스는 19세기 낭만주의의 대표 시인이면서도 17세기의 형이상학적 종교 시인들과의 밀접한 관계가 있다는 점을 구명해 보았다. 내용적으로는 형이상시의 핵심 테마 중의 하나인 범신론적인 자연신비주의를 다루고 있다는 것을 살펴보았고, 기법 상으로는 통합적 감수성이 대단한 시인이며 상반합일의 시법을 자유자재로 사용하여 새로운 시적 분위기와 의미를 묘출해 내고 있는 형이상시의 범주에 넣을 수 있는 시인이라 할 수 있다.

워즈워스는 프랑스 혁명에 절대적인 기대를 걸고 프랑스까지 갔으나 실상은 환멸의 비애만 체험하고 돌아왔다. 비애의 환멸 속에서 고독을 느낀 워즈워스는 자연 속에서 신의 영광을 발견하였고, 그러자 그는 시인으로서의 사명을 재인식하고 시련의 암흑을 뚫고 넘어서 용감히 재기하여 광명을 찾게 되었으니 그때의 비약적 정신혁명은 실로 놀라운 것이었다.

워즈워스는 평생 밀턴을 시적 모델로 하였을 뿐 아니라 그를 능가하는 시를 쓰려고 시도한 것이 『서곡』(*The Prelude*)라는 서사시다. 후생가외(後生可畏)라 하지만 워즈워스는 밀턴을 넘어설 수가 없었다. 그러나 워즈워스의 시에는 밀턴과 형이상시인들의 지녔던 천상적인 빛이 있었고 그 빛으로 사물의 생명을 뚫어 볼 수 있었다. 워즈워스의 시 가운데서 우리는 형이상학적인 우주관과 인생관 및 종교관을 엿볼 수가 있다. 이로써 형이상시의 개념 정립을 위한 시론(試論)을 가름하겠다. 미흡한 것은 독자와 평자들의 예지로 채워주기 바란다.

존 던의 형이상시 카리타스의 세계 · 2

원 응 순(시인 · 영문학 박사 · 경희대 명예교수)

1

지난 『형이상시학』 제 4호에 이어서 5호에서는 시인 존 던의 연가로 알려진 '노래와 소넷 (*Songs and Sonnets*)' 55편 가운데 「떠오르는 태양(The Sun Rising)」, 「시성諡聖(Canonization)」, 「장례식(The Funeral)」, 「부정적 사랑 또는 무(Negative Love or The Nothing)」, 그리고 「공기와 천사들(Air and Angels)」을 분석적으로 살펴보고자 한다.

여기서 잠깐 제 1기에 씌어진 「연가 *Songs and Sonnets*」에 대해 언급해 보고자 한다. 존 던의 대표작으로 알려진 이 『연가』의 초판은 시인이 죽은 후 1633년으로 알려져 있고, 작품의 창작 연대를 기록한 것이 하나도 없으며 표제도 편집자들에 의해서 붙여진 것으로 본다면, 그의 『연가』는 처음부터 의도된 것이 아니고 적어도 오랜 세월동안에 걸쳐 독립적으로 씌어졌다고 본다. 자서전 작가인 월튼(Izaak Walton)에 의하면 1611년 그의 후견인과 대륙여행을 떠날 때 그 유명한 「고별사: 슬픔을 금하며 (A Valediction: Forbidding Mourning)」가 씌어졌고 존 던이 1615년에 성 바울성당의 사제로 임명된 후에는 연가가 없다고 보면, 아마도 그의 연가의 제작 연대는 1590년에서 1611년으로 학자들은 추측하고 있다. 당시의 세속 시인으로 알려진 시인 커루(Thomas Carew: 1594~1639)) 는 존 던의 죽음을 애도하는 「애가」(An Elegy upon the Death of Dr. Donne, Dean of St. Paul's)에서 존 던의 시를 기지의 시(여기서 기지'wit'의 의미는 기발한 착상의 뜻인 'conceit'를 일컬음)라고 극찬하면서 존 던을 '기지의 왕자(Monarch of Wit)'라고 부르기도 했다는 사실을 상기해 본다면, 존 던의 「연가 *Songs and Sonnets*」가 1633년에 출판된 이후 30여 년 동안 크게 유행되어 17세기 시인들은 물론, 독자들에게도 영향을 끼친 것으로 볼 수 있다. 스미스(A. J. Smith)는 그의 「존 던, 비평적 유산: *John Donne, The Critical Heritage*」에서 다음과 같이 언급했다.

"대시인으로서 던에 대한 숭배는 허구가 아니라, 시인이 죽은 지 오래된 17세기 중반의 실제 현상이었다."

The cult of Donne the master-poet is no invention, but it is a phenomenon of the mid-seventeenth century when Donne was long dead. (A. J. Smith, *John Donne, The Critical Heritage*)

2

먼저 「떠오르는 태양(The Sun Rising)」을 살펴보자. 이 시는 앞서 『형이상시학』 제 4집에서 언급한 시 「좋은 아침(The Good-Morrow)」과 같이 연인들의 적극적인 사랑의 세계를 표현한다.

분주하고 늙은 바보, 통제할 수 없는 태양,
왜 너는 이처럼,
창문과 커튼을 통해 우리를 찾아오는가?
연인들의 계절이 네 운행에 따라 가야 하는가?

아는체 하는 건방진 놈아, 가서 타이르라
지각한 학생들이나 얼굴 찡그린 도제들을,
가서 말하라 궁전사냥꾼들에게 왕께서 사냥가신다고,
농천 개미들을 추수하는 일터로 불러라;
사랑은, 한결같이 알지 못한다, 계절도, 날씨도,
세월의 넝마조각인 시간도, 날도, 달도.

Busy old fool, unruly sun,
Why dost thou thus,
Through windows, and through curtains, call on us?
Must to thy motions lovers' seasons run?
Saucy pedantic wretch, go chide
Late schoolboys, and sour prentices,
Go tell court-huntsmen that the King will ride,
Call country ants to harvest offices;
Love, all alike, no season knows, nor clime,
Nor hours, days, months, which are the rags of time.

「아침 인사(The Good Morrow)」에서처럼 두 연인들의 영혼이 사랑으로 굳게 결합되어 하나의 세계를 이룬 이들에게 아침에 찾아오는 태양은 이미 두려운 존재가 아니다. 위 시에서 두 연인의 사랑은 태양을 꾸짖으면서 시간과 공간을 초월하고 있음을 강하게 나타낸다.

내 운행에 따라 연인들의 계절이 따라야 하는가?
…….
사랑은 한결같이 알지 못한다, 계절도 날씨도,

세월(시간)의 넝마조각인 시간도, 날도, 달도

여기서 시인 존 던의 시간에 대한 놀라운 기지(wit)를 보라. "사랑은 '세월의 넝마조각(the rags of time)'을 알지 못 한다".

시인은 다시 제 2연에서 사랑은 시간뿐만 아니라 공간도 초월하고 있음을 보여주고 있다.

너의 광선을, 너는 왜 그렇게 거룩하고
강한 것으로 생각하는가?
내가 눈 한번 깜박이면 그 빛을 일식시켜 흐리게 할 수 있다.
하지만 오랫동안 연인을 못 보게 되지 않는다면:
만일 연인의 눈이 네 눈을 멀게 하지 않았다면,
보라, 그리고 내일 늦게 나에게 말하라
향로와 금광의 두 인도가
네가 두고 온 자리에 그대로 있나, 아니면 여기 나와 함께 누워 있나를.
네가 어제 보았던 제왕들에게 물어보라
그러면 너는 들으리라, '모두 여기 한 침대에 누워 있었다고'.

Thy beams, so reverend and strong
Why shouldst thou think?
I could eclipse and cloud them with a wink,
But that I would not lose her sight so long:
If her eyes have not blinded thine,
Look, and tomorrow late, tell me
Whether both the Indias of spice and mine

Be where thou leftst them, or lie here with me.
Ask for those Kings whom thou saw'st yesterday,
And thou shalt hear: 'All here in one bed lay.'

시공을 초월한 연인들의 사랑은 서로의 세계를 소유함으로 그들의 시간과 공간을 더욱 확장 시킨다. 비평가 스미스(Smith, A. J.)는 사랑의 문제에 대해, 혼자만의 사랑은 진정한 사랑이 아니고, 연인의 사랑에 의한 영역이 주어지지 않으면 단순한 동경에 지나지 않으며, 따라서 그 여자의 사랑은 남자가 사랑을 실행할 때까지 수면상태를 유지하게 된다고 스미스(Smith, A. J.)는 언급하고 있다:

A one-sided love is not truly love at all: the man's passion is mere adoration or admiration if it isn't given active point—'sphere'—by her love, and her love remains dormant until he actives it.(*John Donne: The Song and Sonets 54*)

제 3연을 살펴보자.

그녀는 모든 제국들, 그리고 나는 모든 제왕들이다,
이 밖에는 아무것도 존재하지 않는다:
제왕들은 우리를 흉내낼 뿐, 이것에 비하면,
모든 명예는 가짜요, 모든 부귀는 사기.
너, 태양은 우리 행복의 절반 뿐.
세계가 이처럼 축소된 상태에서:
네 나이 이제 평안을 원하고, 네 임무는
세상을 따뜻하게 하는 것이니, 우리를 따뜻하게 하므로 너의 임무는 끝.

여기 우리를 비춰라, 그러면 너는 모든 곳에 있는 셈이니,
이 침대가 너의 중심이고, 이 벽들이 너의 천구(天球).

She's all States, and all Princess I,
Nothing else is:
Princes do but play us; compar'd to this,
All honour's mimic, all wealth alchemy.
Thou, sun, art half as happy as we,
In that the world's contracted thus;
Thine age asks ease, and since thy duties be
To warm the world, that's done in warming us.
Since here to us, and thou art everywhere;
This bed thy centre is, these walls, thy sphere.

위의 시에서 연인들은 서로가 하나라는 인식을 소유와 존재를 통해서 나타내고 있다:

그녀는 모든 제국들, 그리고 나는 모든 제왕들/
그 밖엔 아무 것도 존재하지 않는다.

이처럼 연인들은 그들 자체가 세계이고 그 세계가 바로 그들 존재의 이유가 되며, 그 밖의 세계는 무의미한 것이다(Lovers who truly possess each other possess the world and are the world: indeed they are more than the world; and the world outside their love means nothing to them.)[Smith, *John Donne: The Songs and Sonets* 55]

다음으로 「시성(諡聖 Canonization)」을 분석해 본다.

이 시는 인간의 사랑의 체험을 종교적인 이미지로 표현한 시이다. 다시 말하면 신과 인간과의 관계를 남녀 간의 사랑의 관계를 통해 암유적으로 나타내고 있다. 이를테면 스펜서(Edmund Spencer)가 「아기 큐피드(*Amoretti*)」에서 자기 연인을 'Sweet Saint'라고 거의 신격화 하고 있듯이 이는 종교적 암유인 것이다. 「시성」을 분석하기 앞서 「노래」를 잠시 언급해 본다.

존 던이 「노래(*Song*)에서 자기 연인을 'A woman true and fair'라고 현세에서는 찾아 볼 수 없는 최고로 이상화된 존재, 다시 말하면 애인의 대상을 넘어 종교적 숭배의 대상으로 여겨지는 존재여서 시인은 이런 여인을 찾아가는 길이 '즐거운 순례(pilgrimage)가 될 것이'라는 종교적 이미지를 통해 '세속적 패러디(profane parody)'를 만들고 있다:

네가 돌아와서 나에게 말하리라
네게 일어난 모든 이상하고 신기한 일들을,
그리고 맹세하리라
아무데도
진실하고 아름다운 여인은 살고 있지 않다고.
만일 네가 그런 여인을 찾거든, 내게 알려주오.
그런 순례는 즐거우리니
그렇지만 말하지 말라, 나는 가지 않으리라.

Thou, when thou return'st, wilt tell me
All strange wonders that befell thee,
And swear

Nowhere
Lives a woman true and fair.
If thou findst one, let me know,
Such a pilgrimage were sweet.

「시성 The Canonization」의 화자의 첫마디는 마치 광신자의 어조로 말문을 연다.

제발 입 닥치고, 내가 사랑하도록 내버려 두시오.
내 중풍이나 통풍을 꾸짖거나,
내 다섯 개의 흰 머리칼이나 탕진한 재산을 조롱하시오,
재물로 당신 신분을, 예능으로 당신 마음을 향상시키시오,
생의 길을 잡고, 윗자리나 오르시오,
어른의 명예나 은총에 비위나 맞추고
왕의 실제 용안이나, 주화에 찍힌 얼굴을
섬기시오. 무엇이든 하고 싶은 것을 하시오,
그러하니, 당신도 내가 사랑하도록 내버려 두시오.

For God's sake hold your tongue, and let me love,
Or chide my palsy, or my gout,
My five gray hairs, or ruin'd fortune flout,
With wealth your state, your mind with arts improve,
Take you a course, get you a place,
Observe his honour, or his grace,
Or the King's real, or his stamped face
Contemplate; what you will, approve,

So you will let me love.

첫 행의 '제발 입 닥치고, 내가 사랑하도록 내버려 두시오'라는 시구는 그 당시 전통적 시단의 분위기에 일대 '도전적이고 혁신적'이라고 로스톤(Murray Roston)은 그의 「위트의 정신 *The Soul of Wit*」에서 설명하고 있다.

점잖고 감미로운 서정시의 전통으로 인해 가날픈 연인들이 수동적 행위로 신음하던 시풍을 분쇄시키려는 의도였다. 'For God's sake, hold your tongue and let me love……' is intended to disrupt that gentle, melodious tradition of the lyric in which the wan lover querulously pines away in fashionable passivity. *The Soul of Wit*, p.158)

제 2연에서 화자는 나의 사랑으로 인해 해를 입은 자가 누구인가, 나의 한숨(my sighs)이 어떤 상인의 배를 침몰시켰으며, 나의 눈물(my tears)로 어느 밭을 침수시켰으며, 나의 한기(my colds)가 오는 봄을 막았으며, 나의 열기(heats)가 역병 사망자 명단에 한명을 더 추가 했는가라고 공격을 하고 있다.

Alas, alas, who's injured by my love?
What merchant's ships have my sighs drown'd?
Who says my tears have overflow'd his ground?
When did my colds a forward spring remove?
When did the heats which my veins fill
Add one man to the plaguy bill?

다시 제 3연을 분석해보자.

우리를 마음대로 부르시오, 사랑으로 인해 그렇게 되었으니;
그녀를 한 마리의 파리, 나는 다른 한 마리의 파리로 부르시오.
나는 촛불이어서, 우리 자신들을 소모하여 죽는다오.
그리고 우리 속에는 독수리와 비둘기가 있소.
불사조의 수수께끼는 우리 때문에
더욱 뜻이 깊어지오, 우리 둘이 하나가 된 그것이므로,
그처럼 하나의 중성으로 양성이 된다오.
우리는 죽었다가 함께 살아나.
이 사랑으로 인해 신비롭게 판명된다오.

Call us what you will, we are made such by love;
Call her one, me another fly,
We're tapers too, and at our own cost die,
And we in us find the Eagle and the Dove.
The Phoenix riddle hath more wit
By us; we two being one, are it.
So to one neutral thing both sexes fit,
We die and rise the same, and prove
Mysterious by this love.

위의 시에서 연인들은 사랑의 힘으로 불꽃에 매몰돼 타 죽는 한 마리의 파리나, 자기 몸을 불살라 죽는 촛불이 된다(we are made such by love/ Call her one, me another fly/ We're tapers too, and at our own cost die,) 이 때 사용된 'die'의 의미는 성행위의 절정이라는 뜻과 이로 인한 생명

의 단축을 함축하는 이중적 의미를 갖는다(Theodore Redpath, ed, *The Songs and Sonnets of John Donne,* 1959, p.17).

그리고 계속하여 그들 속에서 '독수리(Eagle)'와 '비둘기(Dove)'를 발견한다는 것은 성서에 나타난 종교적인 의미도 있지만, 여기서는 성행위 중에 나타나는 남성의 특징을 'Eagle'로, 여성적인 특징이 'Dove'로 표현되었다고 볼 수 있다(Theodore Redpath, *Ibid.*, p.19).

드디어 이처럼 하나로 합쳐진 존재는 남성의 특질과 여성의 특질로 완성시킨 이상적인 존재의 상징이 된 것이다(H. Gardner, ed. *John Donne: Songs and Sonnets*, p. 204.). 시인은 이를 양성이 만들어 내는 '중성 neutral thing'으로 표현하면서, 아라비아의 전설을 차용하여 '불사조 Phoenix'의 이미지를 자연스럽게 이끌어 내어 양성을 가진 불사조가 자기 몸을 불사른 후 그 잿더미에서 새로 재생하는 '부활'의 이미지로 계속 확장시켜 나간다. 이 때 시인이 사용한 '불사조'는 종교적으로는 그리스도(Christ)가 죽은 후 3일 만에 '부활'한 사실을 연상케 하는 동시에 세속적인 연애의 관점으로는 연인들이 육체를 불사르고 '죽은 die' 후에 다시 같은 존재로 일어나는 사랑의 신비를 상기시키고 있다.

이제 제 4연과 5연을 끝으로 살펴보기로 한다.

우리가 사랑으로 살 수 없다면, 사랑으로 죽을 수는 있소.
그리고 우리 연애전설이 묘나 관에 어울리지 않는다면,
시에는 어울릴 것이오.
그리고 우리가 한편의 연대기는 못 되어도,
연가 속에 멋진 자리를 차지할 것이오
정교한 항아리가 거대한 분묘에 못지않게,

위인의 유골단지가 되듯이,
그리고 이 찬가(성가)로 인하여 모두들
우리가 사랑으로 성도가 되었음을 인정할 것이오.

그리고 이렇게 우리를 불러 기도를 부탁할 것이오, '신성한 사랑으로
서로의 안식처를 이룩한 그대들,
지금은 요란하지만 평화롭게 사랑하던 그대들,
온 세계의 영을 집약하여 그대들의
눈동자 속에 집어넣은 그대들,
(그처럼 그런 거울이 되고 안경이 되어서
그것들이 그대들에게 모든 것을 요약했던 것이오),
여러 전원 지방들, 도시들을, 궁정들을 천상으로부터
빌어 주소서, 그대들의 사랑의 모범을!'

We can die by it, if not live by love,
And if unfit for tombs and hearse
Our legend be, it will be fit for verse;
And if no piece of chronicle we prove,
We'll build in sonnets pretty rooms;
As well a well-wrought urn becomes
The greatest ashes, as half-acre tombs,
And by these hymns, all shall approve
Us canoniz'd for Love:

And thus invoke us: 'You, whom reverend love
Made one another's hermitage;

You, to whom love was peace, that now is rage;
Who did the whole world's soul contract, and drove
Into the glasses of your eyes
(So made such mirrors, and such spies,
That they did all to you epitomize)
Countries, towns, courts: beg from above
A pattern of your love!'

이제 제 4연에서 연인들은 사랑하다가 희생당했다가 새로 살아났으니 자기들은 기독교회의 순교자는 아니지만 소위 연애 종교의 순교자쯤 된다는 것이다. 그러므로 웅장한 무덤에 묻힐 자격은 없을 지라도 시라는 무덤에는 합당할 것이라고 말하면서 거대한 기념관이나 성전은 못 세우겠지만 '소네트'라는 14행시 속에 아담한 방(room)은 지을 수 있다고 존던 특유의 '펀pun'을 사용하고 있다.

그리고 우리 연애전설(our legend)이 묘나 관에 어울리지 않는다면,
시(verse)에는 어울릴 것이오.
그리고 우리가 한 편의 연대기(역사)는 못 되어도,
연가(sonnets) 속에 멋진 자리를 차지할 것이오,
정교한 항아리가 거대한 분묘에 못지않게,
위인의 유골단지가 되듯이,

마지막 제 5연에서 마침내 온갖 시련과 고통 후에 새로 부활(?)한 연인들이 연애종교의 성자로 인정받으면서 모든 일반 연애신봉자들은 이 모범적인 연애 행위의 표본을 보여 달라고 간구하게 만들고 있다. 이 시는 얼핏 보면 종교적 이미지가 많이 등장하여 종교시로 보기 쉽지만 시인

존 던은 교묘하게 매 연(stanza) 첫 줄과 마지막 줄에 'love'라는 단어를 삽입하여 이 시가 연애시라는 것을 암시하고 있다.

다음으로 「장례식 The Funeral」을 살펴보자.

누구든지 내게 와서 수의를 입히려는 사람은, 해도 끼치지 말고
너무 많이 묻지도 마시오,
내 팔에 감긴 그 절묘한 머리카락의 관을;
그 신비, 그 기적을 만지면 안 되오,
왜냐하면 그것은 나의 외부영혼일 뿐만 아니라,
천국에 간 후에는, 이것을 남겨서 이들 수족인
그녀의 영토를 지배하게 하고,
소멸(분해)로부터 지키려는 일의 총독이기 때문이오.

왜냐하면, 만일 나의 뇌가 분리시키려는 근육의 실(신경조직)이
모든 부분을 통해
그것들을 묶어서, 통합하여 나를 만들 수 있다면,
이 머리카락들은, 더 좋은 뇌로부터 위로 자라나며
힘과 기술을 받아서
그것을 더 잘 할 수 있기 때문이오; 이로써 내가
나의 고통을 알도록 그녀가 의도 한 일이 아니라면,
죄수들이 사형선고를 받았을 때, 수갑이 채워지는 것처럼.

그것으로 그녀가 무엇을 의도했든지, 그것을 나와 함께 묻어주시오.
왜냐하면 나는 사랑의
순교자이기 때문에, 그것이 우상숭배를 낳을 수 있소.

만일 이 유물들이 다른 사람들 손에 넘어가면;
영혼이 할 수 있는 모든 일을
그것에게 맡기는 것이 굴욕이듯이,
당신이 나를 조금도 거들떠보지 않았기에
내가 당신의 한 부분을 매장하는 것도 다소 나의 오기(허세)라 할 수 있소

Whoever comes to shroud me, do not harm
Nor question much
That subtle wreath of hair, which crowns my arm;
The mystery, the sign, you must not touch,
For 'tis my outward Soul,
Viceroy to that, which then to heaven being gone,
Will leave this to control,
And keep these limbs, her provinces, from dissolution.

For if the sinewy thread my brain lets fall
Through every part,
Can tie these parts, and make me one of all;
These hairs which upward grew, and strength and art
Have from a better brain,
Can better do it; except she meant that I
By this should know my pain,
As prisoners then are manacled, when they're condemn'd to die.

Whate'ver she meant by it, bury it with me,

For since I am
Love's martyr, it might breed idolatry,
If into other's hands these relics came;
As 'twas humility
To afford to it all that a soul can do,
So, 'tis some bravery,
That since you would save none of me, I bury some of you.

위의 「장례식 The Funeral」은 8행(line)을 1연(stanza)으로 한 3연의 시이다. 제1 연에서 화자는 사랑의 순교자로 죽었을 때, 연인의 추억이 될 만한 물건이나 육체의 일부를 함께 매장하는 종교적 관습대로 자기를 멸시한 연인의 머리카락을 얻어 자기 팔목에 팔찌처럼 감긴 것을 상해하지도 말고, 아무런 의문을 제기하지 말라고 당부한다. 그 이유는 그 머리카락이 그의 '외부의 영혼 outward soul'이고, 천국에 가면 그의 육체를 소멸과 해체(dissolution)로부터 지켜줄 '총독 viceroy'이기 때문이라고 설명한다. 한편 위의 시와 같은 주제를 표현한 시, 「성골 Relic」에서 표현된 '유골에 감긴 빛나는 머리카락 팔찌(a bracelet of bright hair about the bone)'와 「장례식」의 '내 팔에 감긴 절묘한 머리카락의 관(that subtle wreath of hair, which crowns my arm)'이라는 표현은 시인 존 던의 탁월한 시적 능력을 발휘한 구절로 유명하다.

엘리엇(T.S. Eliot)은 그의 유명한 비평서인 『형이상 시인들』에서 시인 존 던이 가장 성공적이며, 동시에 가장 시인의 특징을 표현하는 몇 가지 효과들이 간단한 용어와 당돌한 대조 가운데 분명히 나타내고 있다: 해골(유골)에 감긴 빛나는 금발의 팔찌(a bracelet of bright hair about the bone) 여기서는 '금발'과 '해골'에 관한 연상작용이 예기치 않았던 대조와 비교를 이루면서 가장 강력한 효과를 만들어 내고 있다(참조: 형이상시학 3호, 56페이지, 2011년).

또한 제임스 러셀 로웰(James Russell Lowell) 교수도 존 던의 「성골 The Relic」을 대표작으로 극찬하면서 위의 표현을 예로 들었으며, 스미스(A. J. Smith)도 이 "구절은 무덤의 어둠 속에서 200년이 지난 후에도 여전히 빛나고 있는 시로 비밀을 잃어버린 꺼지지 않는 램프와 같다. ---a verse that still shines there in the darkness of the tomb, after two centuries, like one of those inextinguishable lamps whose secret is lost. Smith, *John Donne: The Critical Heritage*, p. 401)"고 찬사를 아끼지 않았다.

「장례식」 제 2연과 3연에서 화자는 나의 팔에 감긴 머리카락의 기적과 신비의 능력을 극찬하면서 상해하지 말고 함께 묻어달라고 간청하고 있다. 왜냐하면 화자는 사랑의 순교자이므로 이것이 우상숭배의 대상이 될 것이라는 생뚱한 상상을 하고 있다. 즉, 팔에 감긴 머리카락의 신비한 능력으로 그의 몸은 죽은 후에도 부패로부터 보호를 받아 없어지지 않고 잘 보존되어 사랑의 순교자로서 숭배받고 기적을 나타낼 수 있으리라고 생각한다. 실제로 중세나 17세기 가톨릭교회에서는 기독교의 성자들의 유물들이 우상 숭배의 대상이 되었었다.

왜냐하면, 만일 나의 뇌가 분리시키려는 근육의 실이
모든 부분을 통하여
그것들을 묶어서, 통합하여 나를 만들 수 있다면,
이 머리카락들은, 더 좋은 뇌로부터 위로 자라나며,
힘과 기술을 받아서
그것을 더 잘 할 수 있기 때문이오; 이로써 내가
나의 고통을 알도록 그녀가 의도한 것이 아니라면,

죄수들이 사형선고를 받았을 때, 수갑이 치워지는 것처럼..

그것으로 그녀가 무엇을 의도했든지, 그것을 나와 함께 묻어 주시오,
왜냐하면 나는 사랑의
순교자임으로, 그것이 우상숭배를 낳을 수 있소.

계속하여 존 던의 「부정적 사랑 또는 무 'Negative Love or The Nothing'」를 분석해 보자. 다음의 이 시는 2연으로 된 시로 비밀한 사랑의 양면성을 깊이 있게 파헤치고 있다.

나는 결코 그처럼 낮게 몸을 숙인 적이 없었소,
그들이 눈, 빰, 그리고 입술을 훔칠 때 하듯이;
미덕이나 마음을 찬양하는 그 이상으로 높이 오르지 않는
그들에게 거의 낮게 몸을 숙인 적이 없었소,
감각이나 이성은 무엇이 그들의 불꽃을
태우는가를 알기 때문이지요.
나의 사랑은, 비록 어리석지만, 더욱 용감하지요,
왜냐면 내가 열망할 때마다 나는 실수하니까요,
비록 내가 무엇을 가질 것인가를 알고 있다 해도.

만일 그것이 다만 가장 완전한 것이라면
부정적 상태로 밖에 달리 표현할 수 없다는 것,
나의 사랑이 그런 것이오.
모든 사람이 사랑하는 그런 사랑은 부정하오.
만일 그 누군가가 우리 알지 못하는 자신들을
가장 잘 판독할 수 있다면,

그로 하여금 나에게 무(無)를 가르치게 하시오; 이것은
지금까지는 나의 평안이고 위로이므로;
내가 비록 성공은 못해도 실패할 수는 없지요.

I never stooped so low, as they
Which on an eye, cheek, lip, can prey;
Seldom to them, which soar no higher
Than virtue or the mind to admire,
For sense and understanding may
Know what gives fuel to their fire.
My love, though silly, is more brave,
For may I miss, whene'er I crave,
If I know yet, what I would have.

If that be simply perfectest
Which can by no way be express'd
But negatives, my love is so,
To All, which all love, I say no.
If any who deciphers best
What we know not, our selves, can know,
Let him teach me that nothing; this
As yet my ease and comfort is:
Though I speed not, I cannot miss.

제 1연에서 시인은 '사랑'이란 주제가 육체적으로나 정신적으로 정확히 정의할 수 없음을 고백한다.

나는 결코 그처럼 몸을 낮게 숙인 적이 없었다오,
그들이 눈, 뺨, 그리고 입술을 훔칠 때 그러듯이;
미덕이나 정신을 찬미하는 그 이상으로 높이 날지 않고는
그들에게 좀처럼 낮게 내려앉은 적이 없었다오.(1연)

하지만 위의 「부정적인 사랑」의 시가 사랑 그 자체를 부정하기 보다는 당시의 사랑의 지나친 긍정적인 면만을 찬양하던 시풍에 대한 독특한 해석을 하고 있는 것이다. 디어돌 래드패스(Theodore Redpath)의 설명을 빌린다면 사랑에 대한 '중립적'인 입장을 사랑의 역설적인 방법으로 분석한 것이라 볼 수 있다(negative Love is rather a paradoxical analysis of a way of loving than the expression of an attitude: but if any attitude is expressed it is probably better to call it 'neutral' than 'positive' or 'negative.'(*The Songs and Sonnets of John Donne, xxvii*).

시인은 다시 제 2연에서 '부정적인 사랑'의 시각을 통하여 사랑의 핵심을 표현하고자 시도하고 있음을 알 수 있다. 존 카레이(John Carey)가 시인 존 던에게는 "표현할 수 없는 것을 표현하고자 하는 욕망과 사고할 수 없는 것을 사고하려는 강한 욕구가 있었다"고 '시인의 생애와 정신과 예술(*Life, Mind and Art*)에서 언급한 것처럼 위의 시 2연에서 '모든 사람이 사랑하는 긍정적인 모든 면을 나는 부정하오'라고 강하게 역설하고 있다.

만일 그것이 다만 제일 완전한 것이라면
부정적 상태로 밖에 설명할 길이 없다는 것,
나의 사랑이 그런 것이오.
모든 사람이 사랑하는 긍정적인 모든 면을 나는 부정한다오.(2 연)

다음으로 2연으로 구성된 「공기와 천사들(Air and Angels)」를 살펴보고자 한다. 이 시는 매 연이 14행으로 이태리식 소네트형식으로 구성되었으며, 운형식(rhyme pattern)은 6행(sestet)과 8행(octave)으로 의식적으로 순서를 바꿔서 운을 맞추고 있다.

두 번 혹은 세 번 나는 그대를 사랑한 적이 있다오,
그대의 얼굴과 이름을 알기도 전에;
그처럼 어떤 목소리로, 어떤 형체 없는 불꽃으로,
천사들은 때때로 우리에게 영향을 주고 경배 받듯이,
그대가 있는 곳에 갔을 때는 언제나
나는 아름답고 빛나던 어떤 무(無)를 보았다오.
그러나 내 영혼은, 그의 아이가 사랑이고,
육체의 수족을 택하여야 하며, 그렇지 않으면 아무 일도 할 수 없지요,
사랑도 그의 보모보다 더
영묘할 수 없어, 육체를 택해야 한다오.
그러므로 그대가 무엇이고 누구인지를,
나는 사랑의 신에게 물어보았는데, 지금
사랑이 그대의 육체를 취했음을 나는 인정한다오.
그대의 입술, 눈, 그리고 이마에 사랑 그자체가 정착했음을.(제 1연)

이처럼 사랑의 배에 바닥짐을 싣고
더 안전하게 떠나려 했는데,
감탄까지도 침몰시킬 상품을
사랑이라는 작은 배에 너무 많이 실었음을 알았다오.
그대의 모든 머리칼에 사랑이 너무 심하게 작용하니
좀 더 나은 무엇(조화)을 찾아야 하겠다오.

사랑은 무(無)에서도, 극단적인 유(有)에서도,
그리고 너무 밝은 빛 안에서도 존재할 수 없기 때문이지오.
그래서 천사가 그처럼 순수하지는 못하지만,
그래도 순수한 공기의 얼굴과 날개를 입듯이,
그처럼 그대의 사랑도 나의 사랑의 하늘(천공)은 될 수는 있다오.
바로 이 같은 차이가
공기와 천사 사이에 존재하듯이
여자의 사랑과 남자의 사랑 사이에도 언제나 존재할 것이오.(제 2연)

Twice or thrice had I loved thee,
Before I knew thy face or name;
So in a voice, so in a shapeless flame
Angels affects us oft, and worshipp'd be;
Still when, to where thou were, I came,
Some lovely glorious nothing I did see:
But since my soul, whose child love is,
Takes limbs of flesh, and else could nothing do,
More subtle than the parent is
Love must not be, but take a body too;
And therefore what thou wert, and who,
I bid Love ask, and now
That it assume thy body, I allow,
And fix itself in thy lip, eye, and brow.(First Stanza)

Whilst thus to ballast love I thought,
And so more steadily to have gone,

With wares which would sink admiration
I saw I had love's pinnace overfraught;
Every thy hair for love to work upon
Is much too much, some fitter must be sought;
For, nor in nothing, nor in things
Extreme, and scattering bright, can love inhere:
Then, as an Angel, face, and wings
Of air, not pure as it, yet pure, doth wear,
So thy love may be my love's sphere;
Just such disparity
As is 'twixt Air and Angels' purity,
'Twixt women's love, and men's will ever be.(Second Stanza)

제 1연에서 화자는 연인과의 사랑의 과정을 마치 세인들이 천사를 직접 본적이 없지만 찬란하고 아름다운 것으로 사랑하고 경배하듯이 사랑했노라고 플라토닉한 사랑의 고백으로부터 시작하고 있다.

두 번 혹은 세 번 나는 그대를 사랑한 일이 있다오,
그대의 얼굴과 이름을 알기도 전에;
그처럼 어떤 목소리로, 어떤 형체없는 불꽃으로,
천사들이 때때로 우리에게 영향을 주고 경배 받듯이.

이처럼 대상이 불분명한 상태에서 나타난 연인은 '사랑스런 빛나는 어떤 무(無)'로 인식되었지만, 그의 아이가 사랑이 된 이상, 그의 보모처럼 그 사랑도 영혼이 육체를 택하듯이 육체를 소유한 연인으로 나타난다. 앞서 살펴 본 시, 「장례식 The Funeral」에서 마치 연애 종교의 성자처럼 큰소리치던 화자는 소심한 감상주의에 빠진 사람처럼 「성골 The Relic」의 제 3연에서도 보여주고 있다.

우선 우리는 제법 잘 믿음직하게 사랑했지요,
그래도 무엇을, 왜 사랑했는지 몰랐다오,
우리는 성의 차이를 몰랐으니까요
우리의 수호천사가 그렇듯이.
오고 가면서 우리는 아마
입 맞추었을 것이지만, 그저 의례적일 뿐,
우리 손은 은밀한 곳은 만지지 않았지요,
최근의 법에선 상처를 입었지만, 자연이 해방시킨:
우리는 이런 기적을 해 냈다오; 허지만, 지금은 슬프도다,
모든 한계와 모든 언어를 나는 넘어서리라,
그녀가 어떤 기적이었나를 내가 말한다면.(제 3연)

First, we lov'd well and faithfully,
Yet knew not what we lov'd, nor why;
Difference of sex we never knew,
No more than our guardian angels do;
Coming and going, we
Perchance might kiss, but not between those meals;
Our hands ne'er touch'd the seals
Which nature, injur'd by late law, sets free:
These miracles we did; but now, alas,
All measure, and all language, I should pass,
Should I tell what a miracle she was. (The 3rd Stanza)

다시 「공기와 천사들」의 제 2연은 '사랑'이 '배 pinnace'로 비유하는 기상을 보여주고 있다. 이 당시에 'pinnace'는 여자를 의미하는 것으로, 여자가 남자의 과다한 찬미나 사랑을 받는 것은 마치 배에 바닥짐을 과다하게 실어서 배가 순항을 못하게 하여 결과적으로 사랑의 조화를 깨뜨리게 되는 것이다.

이처럼 사랑의 배에 바닥짐을 싣고
더 안전하게 떠나려 했는데,
감탄까지도 침몰시킬 상품을
사랑의 작은 배에 너무 많이 실었음을 알았다오.
그대의 모든 머리칼에 사랑이 작용하면
너무 지나치게 되니, 좀 더 나은 조화를 찾아야 한다오.

시인 존 던은 「공기와 천사들」의 제 1연에서 자기 연인을 천사처럼 이상형으로 그리며 경배하는 정신적인 사랑이, 제 2 연의 마지막 3행에서 보듯이 여자의 사랑을 남자의 사랑보다 덜 순수하다는 예기치 못한 '놀라움'으로 시를 끝내는 계산된 시인의 '기지'(wit)를 보여주고 있다 (With this surprising reversal, seemingly unprepared for, the poem ends. The reversal is surprising, and calculated surprise is witty. Leonard Unger, *Donne's Poetry and Modern Criticism*, p.45).

3

지금까지 시인 존 던의 연가로 알려진 「노래와 소네트 The Songs and Sonnets」 가운데서 지난 호에 이어서 「떠오르는 태양」, 「시성諡聖」, 「장례식」, 「부정적 사랑 또는 무(無)」, 그리고 「공기와 천사들」을 분석적으로 살펴보았다. 그의 작품들 속에서는 사랑의 양면성, 다시 말하면 신의 아가페(Agape)적 사랑과 인간의 에로스(Eros)적인 사랑이 '혼합된 사랑' 즉, 카리타스(Caritas)적인 사랑으로 나타나는 현상을 살펴보았다. 그러나 존 던의 연가(The Songs and Sonnets)를 연구하는 학자들은 필자와는 다르게 대부분 '아가페'적인 요소를 배제한 채 '에로스'적인 요소만을 강조하고 있다.

루이스 마르쯔(Louis L. Martz)는 시인의 '연가'와 '종교시'들에서는 두 가지 사랑의 체험적 형태로 표현되고 있다고 설명하고 있다. 전자 연가의 경우에는 세속적 사랑의 체험이 종교적 사랑의 수법을 통해서 표현되는데 이를 '세속적 패러디 Profane parody'라 했으며, 후자 종교시의 경우에는 종교적 사랑의 체험이 세속적 사랑의 수법으로 표현되고 있는 것을 '성스런 패러디 Sacred Parody'라고 했다. 그러므로 매후드((M.M. Mahood)도 시인 존 던의 시에 나타난 사랑은 '지혜'에 대한 상향적 갈망 상태와 같은 것으로서 이는 '에로스'라고 설명하고 있는데, 필자의 견해로는 매후드의 이와 같은 평가는 아우구스티누스(Augustinus)의 '카리타스'의 '에로스'적 요소로 보고 있다고 말할 수 있다. (계속)

분류별로 본 형이상시의 컨시트 시학

최 규 철 (시인 · 문학평론가)

일반적으로 형이상시의 컨시트를 분류할 때 확대된 컨시트(the expanded conceit) 와 응축된 컨시트(the condensed conceit) 로 나눈다. 이는 조지 윌리엄슨(George Williamson)이 언급한 것으로서 여기서 윌리엄슨은『하나는 소위 우리가 말하는 확대된 컨시트인데, 그것은 확장된 비유에 대한 설명이다. 또 하나는 응축된 컨시트인데, 망원경 속에 끼어 넣어 집약시킨 이미지로서 신속한 결합이나 갑작스런 대조에 의해 사상을 발전시킨다.』(George Williamson, The Donne Tradition, New york : Noonday Press, 1958, p.30)라 했다.

다시 말하자면 확대된 기상은 맨 처음에 제시한 이미지를 점차로 확장하고 발전해나가면서 교모하고도 기발하게 결합해가는 과정을 설명해가는 기법을 말한다. 이런 확대된 컨시트는 존 던의 「고별사 : 비탄을 금하며」에서 그 예를 찾아볼 수 있다.

만약에 우리의 영혼이 둘이라 한다면,
곧은 컴퍼스의 다리가 둘인 것처럼 둘입니다. ;
그대의 영혼은 고정된 다리처럼 움직일 기미도 안보이지만,
다른 한쪽이 움직인다면 움직이지요.

그리고 비록 그 다리는 가운데에 앉아있지만,
다른 쪽 다리가 멀리 배회한다면,
그 다리는 그쪽으로 기대고 귀 기울이면서,
나머지 한쪽 다리가 집으로 돌아올 때 똑바로 서지요.

당신 또한 그렇게 나에게 있어줄 것입니다,
나는 다른 쪽 다리처럼, 기울어져 달려야하니,
당신의 굳은 신념이 나의 원을 정확하게 만들고,
그래서 내가 처음 시작한 곳에서 끝날 수 있도록 해줍니다

—「고별사 : 비탄을 금하며」의 일부

이 시는 존 던이 1611년 자기의 부인 앤을 홀로 두고 프랑스로 떠날 때 앤을 위해 쓴 시라고 알려져 있다. 사랑하는 부부의 관계와 역할을 컴퍼스의 물리적 작용과 상황으로 비유하여 아내를 고정된 다리로, 남편을 움직이는 다리로 교묘하게 연관시켜가는 과정을 빗대어 말한 컨시트 기법이다. 던은 이러한 컴퍼스의 기능을 부부의 관계로 결부함으로써 사랑의 다양한 성격을 점차로 확장해가며 설명하고 있다.

아내의 고정된 다리는 움직이는 다리를 따라 함께 기울어졌다가 그 다리가 제자리로 돌아오면 다시 똑바로 선다. 즉 아내가 중심만 잘 잡고 있으면 남편은 아내의 중심 반경을 이탈하지 못 한다는 말이다. 이처럼 아내의 사랑과 믿음과 정조는 남편이 결코 아내를 떠나지 못하게 한다는 당위성을 컴퍼스의 기능을 통해서 시 전편으로 펼쳐가면서 확대된 컨시트의 전범을 보여주고 있다.

다음으로 응축된 컨시트는 어떤 이미지나 관념을 정교한 유추 과정을

통해서 엉뚱한 대조와 순발력 있는 결합으로 간결하게 표현하는 기법을 말한다. 윌리엄슨은 이러한 응축된 컨시트의 대표적인 작품으로 존 던의 「황홀」(The Ecstasy) 과 「성골」(The Relique)을 예시로 들었다. 여기서 그 중 「성골」 을 살펴보기로 하겠다.

> 내 무덤이 다시 파헤쳐지고
> 어떤 두 번째 손님을 맞아들이려
> 그런 여자의 기질을 배웠기 때문에,
> 그 무덤을 파는 사람이
> 유골에 감긴 빛나는 머리카락 팔찌를 살필 때,
> 그가 우리를 그냥 내버려 두고,
> 최후의 심판의 날에 두 사람의 영혼이
> 이 무덤에서 만나 잠시라도 머물 수 있는 방도가
> 바로 이것이라고 생각하는 한 쌍의 연인들이
> 여기 누워 있다고 생각하지 않을까
>
> — 존 던의 「성골」 의 일부

「성골」 은 무덤 속의 유골에 감긴 머리카락 팔찌를 통해서 사후에 보이는 남녀 간의 고결하고 거룩한 사랑을 후세 사람들에게 남기고자 하는 뜻을 지닌 작품이다. 이 시는 3연으로 구성되어 있는데 1연에서는 무덤 속에서 '유골에 감긴 빛나는 머리카락 팔찌'를 발견하고 최후의 심판 날 그 두 연인이 부활한 몸으로 이 무덤에서 다시 살아나게 될 것을 소망한다. 이것은 그들이 생전에 성결한 영적 사랑을 나눔으로써 이 일이 가능하다는 전제 아래서이다. 여자가 사랑하는 연인의 유골에 자기의 머리카락으로 만든 팔찌를 감아주었다는 것은 사랑의 영원성을 암시하는 일이며 장차 마지막 심판의 날에 함께 부활하여 재회의 기쁨을 나누자는 약속의 비의가 들어있다. '유골에 감긴 빛나는 머리카락 팔찌'와 종말론적 영원한 소망과 사랑의 지속성이 이런 기발한 결합을 통해서 잘 표출되고 있다. 더욱이 2연에서는 이러한 고귀한 사랑이 예수를 향한 대한 막달라 마리아와 같은 성스러운 사랑으로 발전하여 결국 성골로 인정받게 될 것을 확신하고 있다.

존 던의 「성골」은 「고별사 : 비탄을 금하며」에서처럼 부부 간의 사랑을 컴퍼스의 작동기능과 결합하여 한없이 외부로 펼쳐가는 확대된 컨시트와는 사뭇 다르다. 「성골」에서는 '유골에 감긴 빛나는 머리카락 팔찌'라고 하는 이미지가 거룩한 아가페의 사랑이라고 하는 엉뚱한 관념과 단번의 비유적 결합으로 그것이 성골이 되게 하는 과정을 내부로 집약시켜 가고 있다. 다시 말하자면 전자의 경우에서는 컴퍼스의 여러 가지 다양한 작동 방법을 따라 부부 사랑의 다의적인 개념이 외부로 펼쳐지는 비유과정을 보여주고 있다면, 후자의 경우에서는 부활과 영생의 종말론 사상과 영원한 부부애가 '유골에 감긴 머리카락 팔찌'의 고정된 이미지와 순간적으로 결합됨으로써 내부를 향해 한 곳으로 집약되어가고 있다.

그러나 윌리엄슨의 이런 분류는 형이상시 컨시트의 전반에 걸쳐서 다 적용되는 것은 아니다. 컨시트의 규모가 「고별사 : 비탄을 금하며」나 「성골」처럼 시의 전체 구조로 펼쳐있는 경우는 타당하지만, 엘리엇의 「프루프록의 연가」에서 나오는 '나는 내 일생을 커피 스푼으로 되질해 왔다' 라든가 '그러면 우리 갑시다, 그대와 나 / 지금 저녁은 마치 수술대 위에 에테르로 마취된 환자처럼 / 하늘을 배경으로 펼쳐져 있습니다'와 같이 시의 지극히 한 부분에서 형성된 컨시트는 윌리엄슨의 분류법으로는 안 된다.

그래서 필자는 이 글에서 또 다른 측면에서 컨시트의 성격을 분류해

본, 즉 컨시트의 결합 과정에서 경험한 인생의 정황과 그에 상응하는 심상 사이의 대조적 역학관계 등에서 본 분류법이다. 첫 번째는 두 개의 사물이나 개념 사이에서 겉으로 보기에 전혀 무관한 것들을 기상천외의 해학적인 발상으로 결합시키는 컨시트 기법이요. 두 번째는 서로 상반되고 양극화 된 것들이 당돌하게 결합된 컨시트이다. 그리고 세 번째는 아주 동떨어지고 이질적인 것들을 상호 결합시킨 사례이다. 대체로 컨시트는 이상의 세 가지 분류의 범주 안에 든다. 이런 분류법은 필자가 다년간 형이상시작 과정에서 실제로 경험하고 터득한 노하우라 할 수 있다.

그러나 완벽한 컨시트 기법이 성립되기 위해서는 반드시 다음과 같은 요건이 구비되어야 한다.

첫 번째는 컨시트가 '관념의 사물화'나 '사물의 관념화'가 이루어져야 한다. 컨시트는 감정이나 사상을 시인의 통합적 감수성에 의해서 즉물화하여 보다 감각적이고 구체적인 이미지로 형상화 되어야 한다. 그러기 때문에 이런 과정에서 '관념의 사물화'가 될 수도 있고 반대로 '사물의 관념화'가 될 수도 있다. 이 말은 형이상시의 컨시트가 관념은 숨고 사물만 보여야 한다는 뜻이다. 즉물화된 컨시트로 발전하지 못한다면 그 콘시트는 실패작이다.

두 번째는 기발한 기지(wit)와 지적 놀라움이다. 무엇인가 엉뚱한 착상에 의한 기지가 발휘되어야 하며 또한 그것이 지적인 놀라움을 주는 컨시트라야 한다는 것이다. 조안 베넷(Joan Bennett)이 컨시트를 '지적 등가물에 의한 정서적인 경험'(Joan Bennett, Five metaphysical Poets, Cambridge University Press, 1964, p. 31.) 이라고 언급한대로 형이상시는 학문적인 지식과 언어가 정서의 지적 등가물에 의해서 사물화돼야 한다.

세 번째는 컨시트의 부조화의 조화이다. 이 말은 사무엘 존슨(Samuel

Johnson)이 형이상시를 비꼬는 말로 사용한 것인데 '한 종류의 부조화의 조화는 전혀 상이한 이미지의 결합이나, 외견상 같지 않은 사물 안에서의 불가사의한 유사성의 발견'(Samuel Johnson, The Life of English Poets Everyman Library, 1954 , p. 11)이라 했다. 이렇게 컨시트가 유사성이 없는 것들의 결합이기 때문에 처음부터 부조화의 상태에서 시작된다. 그러나 그런 부조화가 시작과정(詩作過程)에서 순간적으로 조화로 탈바꿈하는 변용이 이루어져야 한다. 그렇지 못하고 부분적으로나마 무리수가 따르는 부적절한 부조화의 흔적이 남아있다면 아무리 기상천외의 발상에서 나온 것이라 해도 그것은 '부조화의 부조화'로 끝나게 되고 만다. 컨시트는 결합과정에서 강제로 갖다 붙이는 작업이므로 고도의 통합적 감수성을 지니지 못한다면 그것은 어딘가 어색한 부조화로 끝나고 만다.

네 번째로 패러독스와 아이러니가 가미되면 될 수록 좋다. 컨시트는 상반되고 양극화 된 것들의 결합이기 때문에 이런 결합물의 양끝이 멀다. 컨시트에서는 이런 양극의 거리가 멀면 멀수록 팽팽한 긴장이 있고 그 공간이 크면 클수록 밀도 있고 함축성이 있다, 따라서 그 결합과정에서 오는 빠른 시적 전환이 있게 된다. 그런데 이러한 양끝이 가장 먼 것이 패러독스와 아이러니이다. 그러므로 형이상시 컨시트의 패러독스와 아이러니는 시의 순발력과 밀도감을 더해주고 빛을 내게 하는 보석과 같은 수사법이라 할 수 있다.

다음으로는 필자가 분류한 컨시트를 유형별로 예시를 들어 풀어보려고 한다.

1 해학적인 기상천외의 발상에서 오는 컨시트

이것은 기상천외의 발상에서 출발한 컨시트로서 때로는 다분히 익살스럽고 해학적인 콘텐츠가 들어있고 강한 통징이 가미되므로 통쾌감을 준다. 얼토당토않은 소재로 시작하기는 하지만 결국은 탄성이 나오고 동감을 유발하게 되는, 다시 말하자면 부조화의 조화를 가져오게 하는 경이로운 기법이다. 그래서 컨시트 중에서 가장 기지에 찬 놀라움과 펀(pun)을 가져다주는 비유법이다. 존 던의 「벼룩」 등에서 그 유례를 찾아볼 수가 있다. 이 시에서 존 던은 사랑을 거절하는 연인에게 아주 익살스런 풍자로 사랑을 설득한다. 벼룩이 우리 두 사람의 피를 빨았으니 우리는 이 벼룩 안에서 피가 섞였음으로 이미 한 몸이 되었다는 것이다. 뿐만 아니라 이 벼룩은 우리의 침대(marriage bed)요 결혼식장(marriage temple)이라는 것이다. 이런 발상은 컨시트가 아니고서는 불가능하다.

우리 한국시에서도 종종 이런 유형의 컨시트를 찾아볼 수 있다.

> 쥐가 꼬리로 계란을 끌고 갑니다 쥐가 꼬리로 병 속에 든 들기름을 빨아 먹습니다 쥐가 꼬리로 유격 훈련처럼 전깃줄에 매달려 허공을 횡단합니다 쥐가 꼬리의 탄력으로 점프하여 선반에 뛰어오릅니다 쥐가 꼬리로 해안가 조개에 물려 아픔을 끌고 산에 올라가 조갯살을 먹습니다 쥐가 물동이에 빠져 수영할 힘이 떨어지면 꼬리로 바닥을 짚고 견딥니다 30분 60분 90분 - 쥐독합니다 그래서 쥐꼬리만한 월급으로 살아가는 삶은 눈동자가 산초열매처럼 까맣고 슬프게 빛납니다.
>
> — 함민복의 「샐러리맨 예찬」 전문

이 시는 언젠가 필자가 다른 글에서도 언급한 적이 있는데 여기에서도 가장 적합한 예시라 여겨지기에 다시 언급한다. 흔히 '박봉'이라는 말을 '쥐꼬리만 한 월급'으로 빗댄 데서 오는 월급생활의 이모저모를 자조적이며 해학적인 풍자로 이어진, 일종의 펀(pun)이다. 여기에는 '박봉'으로 살아가야 하는 샐러리맨의 애환과 쥐꼬리의 재주부림'이라고 하는, 이 두 가지 정황을 교묘하게 결합한 컨시트가 드러나 있다. 박봉생활의 어려움 속에서도 그런대로 그것으로 재주를 부려가며 잘도 꾸려가는 소시민적인 일상생활이 쥐꼬리라고 하는 파격적인 비유로 기발한 결합을 이루고 있다. 쥐꼬리는 샐러리맨들의 슬픈 생활정서를 예술적으로 객관화하여 구상화 시킨 하나의 정서의 지적 등가물이요 또한 이런 엉뚱한 결합이 지극히 자연스런 유사점으로 접근하면서 부조화의 조화를 조성해내고 있다.

쥐꼬리로 병속의 들기름을 빨고, 계란을 끌고 가고, 전깃줄에 매달려 허공을 횡단하기도 하고, 꼬리의 탄력으로 점프하여 선반에 뛰어오르는 등, 온갖 재주를 부리며 살아남기 위한 고투가 일종의 언어유희를 통해서 기상천외의 발상과 기지로 그림처럼 묘사되고 있다.

이 시를 굳이 윌리엄슨의 분류법으로 미루어 본다면 확대된 컨시트의 일종이라 할 수 있다. 쥐꼬리의 다양한 기능을 따라 샐러리맨들의 생활의 이모저모를 점차로 펼쳐 나가면서 재치 있게 박봉생활과 쥐꼬리의 재주를 익살스럽게 확장해가고 있다.

다음은 박진환의 풍시조 「입으로 모기 잡나」에서 이런 유형의 컨시트를 찾아볼 수 있다.

피를 빨아먹는 모기 잡는데 의견이 분분하다
정치가 어떻고 법이 어떻고 대통령이 어떻고
입으로 모기 잡나?
— F킬라를 뿌려야지

이런 짧은 3행시 속에서 형이상시의 '사물의 관념화'나 '관념의 사물화'를 기대하기란 그리 쉬운 것은 아니다. 그런데 이 시에서는 그런 종류의 전형적인 컨시트 기법을 선보이고 있다. 이 시는 그 전개과정에서 전반적으로 일종의 메타포로 이어지고 있는데. 피는 착취물, 모기는 권세자들. 입은 탁상공론, F킬라는 근본적인 개선책을 말한다. 여기 F킬라에서 추출해낼 수 있는 개선책은 올바로 시행되는 정치나 법이나 권력일 수 있고 더 나가서는 국민의 도덕과 윤리의 기본정신일 수도 있다. 아무튼 후자와 같은 개념들이 전자와 같은 피, 모기, 입, F킬라 등의 이미지들과 순발력 있는 결합을 통해서 컨시트의 절묘한 경지를 엿보게 한다. 이런 연결고리는 1행의 사물화에서 2행의 관념화로, 다시 2행의 관념화에서 3행의 사물화로 교묘하게 맞물려 교합시켜 가면서 형이상시 컨시트의 통재질서를 유지해 가는 묘미가 있다. 3행의 '입으로 모기 잡나? F킬라를 뿌려야지'는 이 시에서 압권이라 할 수 있다.

모든 부정과 비리를 색원발본 하지 못하고 입으로만 떠드는 정치인들과 법조인, 언론인들의 목소리를 비판하면서 'F킬라를 뿌려야지'라 한다. 여기에서 관심 있게 보아야할 부분은 옛날에는 F킬라를 대롱을 물고 입으로 뿌리던 일을 상기하면서, 공론(말)을 벌이는 일과 F킬라를 뿌리는 일들이 입에서 이루어진다는 동질성과 입에서 나오는 공론(말)과 F킬라가 다르다는 이질성을 미묘하게 대비시킴으로써 격조 높은 형이상시의 컨시트를 선보이고 있다.

박진환의 풍시조에서는 사회의 양극화 문제를 비롯해서 부조리와 구조악, 윤리와 도덕 등, 사회 전반에 걸친 부정부패를 꼬집고 타이르고 개선을 회유하는 통징의 목소리를 극대화 하고 있는 것이 특징이다. 이와 같은 현실을 감안해 볼 때 풍시조에 의한 기발한 컨시트와 통징기능이 다시 한 번 우리의 현실을 돌아보게 하고 문제해결을 위해서 세인들의 관심을 끌게 하는 데 기여하고 있다.

2. 양극화에서 발생하는 컨시트

서로 상반되고 양극화 된 진기한 상념이나 의미, 그리고 이미지 등이 대담한 결합을 통해서 뜻밖의 유사성 내지는 하나의 새로운 동질성을 창출해내는 수법으로서 이질성에서 동질성으로, 무관성에서 유관성으로, 비유사성에서 유사성으로 잘 어우러져서 새로운 하나가 되게 하는 컨시트 기법을 말한다. 이런 유의 컨시트는 거리가 먼 양극 간의 대담한 결합에서 이루어지므로 다분히 압축적이다.

현시대가 사회적으로는 노사분규, 빈부격차, 지역갈등, 여야대립, 남북대치 등, 해결해야 할 양극화 문제가 산적해 있고, 개인적으로는 영혼과 육체, 정신과 물질, 이데아와 현상, 신과 인간, 소아와 대아, 현실과 소망, 눈물과 웃음, 선과 악 등, 양극화 문제가 위험수위에 달해있다. 따라서 이 시대의 선구자적 사명을 띤 시인들은 양극화에 따르는 상위개념과 하위개념의 차등적 가치관을 넘어서 새로운 가치관을 정립해가야 할 시대적 당위성을 깨닫고 그를 위한 통합적 감수성을 길러야만 살아남는다. T.S. 엘리엇은 그의 평론 에세이 「형이상시인(1921)」에서 '사상을 장미의 향기처럼 직접으로 느끼는' 통합적 감수성을 언급했다. 시인의 숙성된 통합적 감수성은 양극으로 분열된 어떠한 경험도 하나로 융합하고 각각의 단편적인 경험들을 총체적인 새로운 경험으로 재창조해내는 형이상시의 컨시트야 말로 오늘 이 시대에 사는 시인들에게 필요불가결의 기법이라 할 수 있다.

이런 양극화에서 발생한 컨시트의 사례를 다음의 시에서 발견할 수 있다.

어둠 속에서도 불빛 속에서도 변치 않는

사랑을 배웠다 너로 해서

그러나 너의 얼굴은
어둠에서 불빛으로 넘어가는
그 찰나에 꺼졌다 살아났다.
너의 얼굴은 그만큼 불안하다.

번개처럼
번개처럼
금이 간 너의 얼굴은

— 김수영의 「사랑」 전문

이 시에서는 '나와 너'의 상반된 양자 구도의 사랑을 하나로 결합시킨 컨시트의 기지를 보여주고 있다. 1연에서 언급한 영원불변의 사랑이 2~3연에서는 잠시 켜졌다가 사라지는 번갯불에 금이 간 얼굴 같은 가변적 사랑으로 서로 대치(對置)되어 있다. 다시 말하자면 어둠 속에서도 불빛 속에서도 변치 않는 나의 불변적인 사랑과, 순간적으로 꺼졌다 살아났다 하는 너의 가변적인 사랑에 대한 모순된 관계를 보여주고 있다는 것이다. '어둠 속에서도 불빛 속에서도'라고 하는 것은 '너와 내'가 똑 같은 입장에 있다고 하는 것이다. 그런데 어떤 입장에서도 나의 사랑은 변치 않고 있지만, 너의 사랑은 입장 따라 변한다는 것이다. 여기서 우리가 유의해서 보아야 할 점은 너를 통해서 배운 나의 사랑은 불변의 사랑인데, 불변의 사랑을 가르쳐준 너의 사랑은 가변적인 사랑이라고 하는 아이러니이다. 오늘날의 현실사회는 '나와 너'와 같은 얼굴과 몸통의 이중구조로 구성된 스핑크스와도 같은 괴물이다. 이렇게 사랑의 속성은 양면성을 지니고 있다. 즉 사랑의 영원성과 찰나성. 사랑의 안정성과 불안정성. 사랑의 기쁨과 슬픔, 사랑의 밝음과 어둠이 바로 그것이다. 이 지상에서는 완전하고도 영원한 아가페의 사랑과 불완전하고 찰나적인 세속적 사랑이 한데 어울리기도 하고 서로 충돌하기도 하면서 새로운 조화를 이어간다. 이러한 사랑의 상반된 양극화에서 형성되는 폭력적인 결합이 형이상시의 컨시트이다 .

이 드레스 숍에서는
마네킹의 손가락이 유연하다.

잘 지어진 의상은
죽은 사람이 걸쳐 입어도
천에서 혈액이 흐르고 체온이 감돈다.

사람의 살갗으로 살아나서
바람 속에서 살랑거리다가
점점 투명해져서
졸졸졸 시냇물이 되어 흐르고
마지막은 속살로 흡수되어 없어진다.

비록 마네킹이라 해도
햇빛으로 지어입음 옷은
피부와 한 살이 되고
날개가 되어 훨훨 하늘을 나른다.

— 졸시 「살아있는 옷」 전문

마땅한 예시를 찾아낼 수 없어 부득불 졸시를 언급하게 된 점 이해해

주기 바란다. 불후의 예술성이 있는 의상은 영원한 생명으로 살아있어 그 옷을 걸쳐 입은 사람은 생명이 없는 마네킹과 같은 인간이 입어도 그 의상과 더불어 새로운 생명으로 살아난다. 그러한 발전단계를'천에서 혈액이 흐르고 체온이 감돈다'에서'사람의 살갗으로 살아나서'로 또 거기에서'마지막은 속살로 흡수되어 없어진다'로 전개해 간다. 처음에는 천에서 혈액과 체온이 생겨나고, 다음에는 그것들이 죽은 사람의 피부에서 살아나서, 마지막으로는 피부에서 속살로 흡수되기까지, 그 의상과 사람이 한 몸으로 결합됨으로써 영원한 생명으로 부활하고 이어 옷이 날개가 되어 천국으로 훨훨 날아가는 데 이른다. 여기서 최고가는 의상의 예술적 경지는 햇빛으로 지어 입은 옷을 말한다. 즉 이러한 빛의 옷을 입으면 마네킹과 같은 죽은 생명도 부활하여 천국인의 생명을 얻게 된다는 것, 즉 빛의 옷과 마네킹과의 이런 기상천외의 결합으로 영생하는 몸이 될 수 있다는 데서 컨시트 기법이 성립된다는 것이다. 특별히 여기서 유의해서 볼 것은 죽은 마네킹과 살아있는 옷과의 양극화된 구조적 결합에서 컨시트로서의 특색이 살아 있음을 알 수 있다.

굳이 성경에 언급되어 있는 '빛의 옷'에 대하여 몇 구절 인용해 본다면 시편에서는'주께서 옷을 입음같이 빛을 입으시며 하늘을 휘장같이 치시며'(시 104 : 2) 라 했고, 또 예수가 변화산에서 빛나는 모습으로 변형된 상태를 성경은'저희 앞에서 변형되사 그 얼굴이 해같이 빛나며 옷이 빛과 같이 희어졌더라'고 했다. 이것은 그리스도가 영혼의 태양이며 그 옷은 빛이라고 하는 표상적인 뜻을 지녔다. 이러한 빛의 옷을 입으면 영적으로 죽은 자가 중생하여 새로운 생명으로 변화된다는 진리를 지니고 있다. 그런 의미에서 마지막 연에 '비록 마네킹이라 해도 / 햇빛으로 지어입음 옷은 / 피부와 한 살이 되고 / 날개가 되어 훨훨 하늘을 나른다.'라 했다.

3 동떨어진 결합의 컨시트

이것은 겉보기에는 전혀 비슷한 점이 없고 어울리지 않는 이미지나 사념에서 뜻밖의 비슷한 점과 조화를 찾아내고 무관성에서 연관성으로 연결시켜 주는 기지에 찬 컨시트 비유법이다. 이런 컨시트는 두 개의 서로 비슷한 자연스런 관계에서 접근점을 찾아내는 것이 아니라, 전혀 비슷하지 않은 부자연스런 관계에서 접근점을 찾아내는 순발력 때문에 여기서 오는 시적 감동은 자못 충격적이다. 따라서 독자들에게 호기심과 감탄을 유발하는 데 효과적인 시법이이 된다. '모든 심장은 벽시계가 되어 / 가슴 속에 걸려있다. / 동맥으로 흐르는 낮 시간이 / 말초혈관 구석구석까지 번졌다가 / 밤 시간이 되면 다시 정맥을 타고 / 심장으로 돌아온다'(졸시 「아내의 벽시계가 맞던 날」의 일부)에서 얼핏 보기에는 벽시계와 심장, 이 두 개의 사물들 사이에는 서로 무관한 관계인 것 같이 보인다. 그러나 자세히 살펴보면 심장이 쿵쾅거리는 것처럼 벽시계도 똑딱거린다는 유사점이 있고, 또 심장이 우리의 몸 구석구석까지 .동맥을 통해서 산 피를 흘러 보냈다가 정맥을 통해서 죽은 피를 되돌아오게 하는 것처럼 시계도 낮에는 살아있는 시간으로 흘러갔다가 밤에는 죽은 시간으로 되돌아온다는, 즉 아내의 살아있을 때의 밝은 시간과 무덤속의 캄캄한 시간을 서로 대비해서 본 것이다. 물론 산 피와 죽은 피, 산 시간과 죽은 시간이라고 하는 양극성이 보이긴 하지만 이것은 이미 유형 2에서 언급한 바 있고, 특별히 유형 3에서 언급하려고 하는 것은 심장과 벽시계, 피와 시간이라고 하는 사물과 개념 사이의 관계이다. 이들 사이에는 하등의 유사성을 발견할 수 없지만, 유사성이 없는 데서 유사성을 찾아 결합시킨 컨시트의 진면목을 발견할 수 있다. 이것이 바로 서로 관련성이 없는 것들의 결합으로 된 컨시트이다.

이와 같은 사례를 다음 두어 편의 예시를 통해서 알아보고자 한다.

내 가슴 냄새 먹고 크는
지어미의 눈감은 눈이
내 냄새 다하면 초승달로 눈뜰까

눈감은 속으로
내 천길 가슴 속은
얼마나 더 많은 냄새로 남아 있을까

지어미 다 먹고 내 맑게 바래선
한 하늘 트인 가슴이 되면
지어미는 보름달로 푸르게 떠오를까

— 박재릉의 「지어미」 전문

여기서 '내 가슴 냄새'란 말은 여러 가지로 해석할 수 있지만 대충 이것은 남편의 사랑. 신뢰, 쌓인 정 등의 발산으로 집약해서 해석할 수 있다. 이런 관념적인 개념이 '가슴의 냄새'라고 하는 후각 이미지로써 부부간의 음밀한 애정의 감촉과 심도를 나타내주는 일종의 메타포로 변용된다. 눈을 뜨고 눈을 감는 단순한 아내의 감정유로에서도 남편의 사랑에 상응하는 아내의 깊은 신뢰도가 가시적으로 표출되고 있다, 이러한 부부간의 사랑과 반응의 역학적인 상관관계가 서로 맞물리면서 점차로 고조되어 가는 점층법적 메커니즘의 구조적인 틀이 눈에 띈다. 1연에서는 '내 가슴의 냄새'가 가슴 표면에서 일어나는 데 반해 2연에서는 '내 천길 가슴 속' 깊은 곳까지 가득 채우는 냄새로 전개되고, 더 나가 3연에서는 '한 하늘 트인 가슴'의 높은 하늘까지 가득 차오르는 냄새로 발전시켜 나갔다. 또 한편 아내의 반응도 1연에서는 초승달로 눈을 떴다가 점점 불어나서 3연에서는 보름달로 눈을 뜨게 된다. 이러한 시수사법 상의 점층적 강조법은 나이가 들수록 더해지는 부부애의 신비를 보여주는 데 이 이상의 좋은 레토릭은 없다

이것이 바로 상호 비교할 수 없는 엉뚱한 이미지들, 곧 남편의 가슴 냄새와 그에 상응하여 점점 눈을 크게 뜨는 아내의 반응을, 나이가 더할수록 더욱 돈독해지는 부부간의 정을, 실효성 있게 서로 융합시켜 킨시트로 발전시킨 예라 하겠다, 이렇게 컨시트는 피차 어우러질 수 없는 모든 것을 시인의 통합적 감수성으로 한 데 어우러지게 함으로써 부조화의 조화를 경험적으로 창출해 낸다. 이러한 컨시트 미학을 통해서 새로운 시세계가 점차로 확대해 가게 된다.

특히 이 시에서는 내 가슴의 냄새와 아내의 눈을 감고 눈을 뜨는 이 두 이미지가, 나이가 들면서 심화 되어가는 부부애의 개념과 순발력 있는 결합으로 집약되어가면서 응축된 컨시트의 전범을 보여주고 있다. 이런 면에서 이 시의 점층법적 기법이 더욱 시의 주제를 집약적으로 구축해가는 기능을 통해서 구조적 버팀목이 되고 있는 것이다.

다음으로 한 편의 시를 더 예시로 들고 마치려 한다.

세상은 詩人의 손끝에서
나비가 된다
날개접어 쉬어갈 곳 없는 거리에는
죽은 言語들이
落葉처럼 널브러져 있다
끊임없이 흘러가는 人間의 江
江을 건너다 추락한

나비의 悲鳴이

발자국 따라 蘇生하고 있다

奇蹟의 꽃망울을 터뜨리고 있다.

— 목진숙의 「꽃」 전문

시인들의 손에서 만들어지는 것은 시인데 그 시로써 거대한 세상이 한갓 미물에 불과한 나비로 변하게 된다. 1~2행에서 '세상은 詩人의 손끝에서 / 나비가 된다'가 바로 그것이다. 세상을 나비가 되게 한다는, 그런 당치도 않는 두 개의 사물 간의 결합이 시인의 손끝에서 이루어지고 있는 것이다. 이렇게 거대한 세상을 한낱 유약한 나비로 둔갑시킬 수 있는 것은 바로 시인의 통합적 감수성으로만 가능하다. 이런 결합이 곧 형이상시 컨시트의 묘미이다.

이 시에서 세상은 쉬어갈 곳 없는 나비가 되어 낙엽처럼 나비의 시어들이 우수수 떨어져 지리멸렬되고 있다는 허무함을 나타내 보인다. 뿐만 아니라 도도히 흐르는 인간의 강물 속에 추락하여 비명을 지르는 절박감도 지니고 있다. 그러나 시인은 여기서 실망으로 끝나지 않고, 그 무엇인가의 발자국 따라 다시 소생(蘇生)하게 되리는 예언자적인 소망도 가진다. 다시 말하자면 지금은 비록 기댈 곳 없는 지구촌이 나비의 시어(詩語)들처럼 소멸되어 가고 있지만, 언젠가는 인류가 역사의 강물에 빠져 사멸될 직전에 목숨을 걸고 절규하는 시인들의 비명으로 다시 소생할 수 있는 기회가 오리라는 것이다. 이 비명이 바로 시인들의 손끝에서 나오는 나비의 비명이라 할 수 있다. 지금은 이 시대가 세계를 안고 고민하는 시인들의 외침소리를 철저하게 외면당하고 있지만 언젠가는 시의 힘이 발휘되는 날, 시로써 이 세상을 소생케 할 기회가 오리라는 것이다.

이렇게 나비와 세상의 결합을 통해서 시시각각으로 다가오는 인류 최후의 날을 체감하게 하는 형이상시의 기발한 컨시트가 성립된다. 특히 이런 컨시트가 이 시의 서두로부터 부조화로 시작했다가 전편에 흐르는 시의 논리적 전개를 통해서 전체적인 짜임새와 심벌과 메타포 등의 적절한 배합이 시적 장치가 되어 전반적인 시의 조화를 이루게 하고 있다.

이상과 같이 조지 윌리엄슨이 분류한 두 가지 유형의 컨시트와 필자가 분류한 세 가지 유형의 컨시트 시학을 살펴보았다. 윌리엄슨은 형이상시를 분석하고 평가하는 데 중점을 둔 분류법이었다면 필자는 다년간 형이상시를 써오면서 경험상으로 터득한 분류법이다.

그러기 때문에 형이상시 작법과정에서 도움이 되는 분류법이라 할 수 있다. 시작과정에서 분류별 소재나 대상을 낱낱이 구분하여 시작을 도모한다면 올바른 형이상시에 대한 이해가 되고 따라서 시작과정에 큰 도움이 되리라 생각한다. 특히 컨시트는 그 구조상 다의적이고 압축적인 성격을 띠고 있음으로 이런 분류상의 노하우를 터득해 놓으면 컨시트 작성과 활용에 매우 좋은 결과를 얻을 수 있으리라.

신비평가 랜섬에 관한 일고(一考)

이 상 엽(경희대 외래교수)

미국의 신비평가 랜섬(John Crowe Ransom 1888~1974)의 생애를 간략히 살펴보는 것으로 본 글을 시작한다. 랜섬은 1888년 4월 30일 테네시(Tennessee)주의 풀라스키(Pulaski)에서 감리교 목사의 아들로 태어났다. 그는 15세의 나이에 내쉬빌(Nashville)에 있는 밴더빌트(Banderbuilt) 대학에 입학하여 1909년 학사학위를 받았으며, 1910년부터 1913년까지는 옥스퍼드대학의 크라이스트처치(Christ Church)에서 로즈장학생(Rhodes Scholars)으로 선발되었으며 고전을 연구하고 석사학위를 받았다. 그는 제1차 세계대전에 참전했고 밴더빌트 대학의 교수가 되었다. 이후 1937년 오하이오(Ohio)주에 있는 캐넌 대학(Kenyon College)으로 자리를 옮겨 1959년에 은퇴할 때까지 교편을 잡았다. 그는 그곳에서 『캐년 리뷰』(The Kenyon Review)를 창간하고 편집자로서 활동했고 1974년에 별세했다. 랜섬은 1919년부터 1927년 사이에 높은 평가를 받은 시집 세권을 출판했으나 1927년 이후에는 비평 작업에 몰두했다. 비록 시작 활동을 중지했지만 그의 시들은 계속해서 높은 평가를 받아왔으며 1951년에는 볼링겐상(Bollingen Prize)을, 1964년에는 내셔널 북 어워드(National Book Award)를 수상하기도 했다. 또한 그는 20세기 초반 남부의 사회적, 문화적 변화를 경험했던 일련의 작가들의 모임인 '도피자들'(The Fugitives)의 리더로 활동하기도 했다. '도피자들'은 고전적인 가치와 양식에 근거를 둔 전통적인 미학적 이상의 보존을 추구했다. 비평가로서의 랜섬은 1941년에 『신비평』(New Criticism)에서 처음으로 신비평이라는 용어를 사용했으며 그 이후 수많은 작가들에게 커다란 영향을 주었다.

20세기 미국에서 시작된 새로운 문예비평 운동인 신비평(*New Criticism*)은 스핑건이 1910년 컬럼비아대학에서 연설할 때 처음으로 그 용어를 사용했으며, 이후 1941년 랜섬이 『신비평』이란 자신의 저서에서 새로운 비평 방법을 제시하면서 이 용어를 사용했다. 그 이후 신비평이라는 용어는 클리엔스 브룩스(Cleanth Brooks)와 알렌 테이트(Allen Tate), 그리고 로버트 펜 워렌(Robert Penn Warren) 등에게 받아들여져서 신비평의 방법론이 일반에게 수용되었다. 신비평이라는 문학비평이론은 엘리엇(T. S. Eliot)의 '통합된 감수성'(unified sensibility)과 '객관적 상관물'(objective correlative)에 의한 시론에서 구체화되었으며, 이후 리처즈(I. A. Richards)의 심리학과 의미론으로 보충되어 시 비평 방법론으로서 확고한 이론적 바탕을 수립하게 되었다. 리처즈의 이론은 흄(T. E. Hulme)과 파운드(Ezra Pound)가 주창하는 이미지즘에 연원을 두고 있으며, 특히 19세기 영국 낭만주의 시인 콜리지(S. T. Coleridge)의 상상력 이론과 근대언어학에서 커다란 영향을 받았다. 물론 신비평이론은 지나친 언어 조건 분석이라는 한계점을 드러내기도 했지만 철저한 텍스트 분석의 신중성과 내재적인 작품 가치를 고양했다는 점에서 현대 문학 비평의 큰 흐름이 되었다. 신비평주의들은 텍스트에 대한 직접적인 분석을 중시했으며 아울러 예술작품을 전기적이거나 문화적인 또는 사회적인 산물로 보기보다는 자율적인 총체로서 고려해야 한다고 주장했다. 랜섬을 비롯한 신비평주의자들은 시의 형식을 중시하고 정밀한 분석을 가했는데, 그것은 시를 인식이라고(Poetry as Knowledge) 보는 관점에 기초한 것이다. 랜섬은 시의 세계를 과학의 세계로부터 구분하면서 '과학이 취급하는 세계는 정리되고 거세된, 통어하기 쉬운 세계인 반면에 시는 우리가 지각이나 기억을 통해서 분산적으로 인식하는 가장 통어하기 어려운 세계를 제시'한다고 했다. 이러한 관점에서 보면 시는 원래 본체론적으로 독자적인 일종의 인식이라고 보아야 할 것이다. 그래서 신비평주의자들이 강조하는 것은 (1) 시는 시로 다루어져야 한다는 것이고, (2) 텍스트에 대한 정독을 요구하며, (3) 언어에 토대를 둔 원리 등을 주장한다. 시는 시로 다루어져야 한다는 것은 시를 하나의 세계로 간주하는 태도이며, 텍스트를 정독한다는 것은 시를 유기적인 통일성의 세계로 간주하는 태도이며, 언어에 토대를 둔다는 것은 이른바 시의 원리를 아이러니(irony), 역설(paradox), 긴장(tension) 등으로 간주하는 태도를 말하는 것이다[1].

신비평이라는 용어는 위에 언급한 것처럼 1941년 미국의 비평가 랜섬이 『신비평』이라는 책을 펴내면서 유행하게 되었다. 이 책에 앞서 그는 첫 평론집, 『세계의 몸』(*The World's Body*)을 펴낸 바 있다. 이 책에서 그가 강조한 것은 과학과 대비되는 시의 기능이다. 과학은 추상적인 형식을 통하여 세계를 인식하는 것이다. 그러나 이런 인식방법은 모든 추상적 형식이 그렇듯이 엄연히 존재하는 구체적인 사물들로 이루어진 세계를 상실하게 된다. 시의 기능은 이렇게 과학에 의해 간과되는 구체적인 사물들의 세계를 회복하는 데에 있는 것이다. 과학의 세계관은 세계의 껍질, 곧 그 형식이나 공식을 보여주고 있지만 시는 이른바 '세계의 몸'을 회복하는 것이다. 두 번째 평론집 『신비평』은 이러한 시적 태도를 유지하면서 그가 쓴 비평들을 모은 것으로서 이른바 신비평이라는 용어를 사용한 것은 당시의 미국 비평에 비추어볼 때 자신의 글들이 새로운 경향을 나타낸다는 것을 암시하는 것이다. 이 책의 원래 의도는 새로운 비평에 대한 자세한 검토와 아울러 장점과 약점을 지적하는 것이었다[2].

---

1) 이승훈. 『모더니즘 시론』. 서울: 문예출판사, 1995. p.57.
2) 이승훈. 같은 책 p.56~7.

랜섬이 생각하는 이상적인 시인은 17세기 영국의 시인 존 던(John Donne)과 그를 추종하는 형이상학파 시인들이었다. 랜섬은 아이러니와 복잡성(complexity)의 시적 가치를 믿었으며 율격, 연, 그리고 압운과 같은 전통적인 작시법을 고수하는 것이 중요하다고 주장했다. 그래서 그는 전통적인 운율과 주제에 어울리게 '기상'(conceit), '기지'(wit), '반어,' '역설,' '다의성'(ambiguity), '은유', '직유', '상징' 등 현대시의 기법과 시상을 잘 활용한 시인이었다. 그는 현대인의 감수성을 정확하고도 정교하게 시에 반영했을 뿐만 아니라 그의 시에는 현대시의 핵심을 이루고 있는 여러 가지 장점을 최대로 활용했다. 다시 말하면 그는 현대시의 생명력과 인상적인 특질, 절제된 열정과 세속적인 세련미의 결합, 균형과 이분된 시상, 상반된 시상의 작용 또는 긴장감 등을 잘 배합하고 직조하는 시인이었다. 이렇게 하여 그는 현대인들이 생활 속에서 얻은 여러 가지 복잡한 생각을 더욱 정확하고 더욱 정교하게 시에 반영했다[3]. 그의 시들은 반어와 검소한 고전주의, 그리고 모든 인간적인 것들의 필멸성에 대한 관심으로 특징지어진다.

랜섬은 시는 독특한 존재론적 구조를 갖는다고 보았고 이 점에서 여타의 산문적 담론과 차별화된다고 보았다[4]. 특히 그의 시학이 극복하고자 했던 시에 대한 기존의 견해들은 도덕(道德)주의와 정서(情緖)주의 두 가지였다. 먼저 도덕주의는 시를 읽음으로써 특정한 도덕이나 교훈 또는 세계관을 전달하고자 하는 경향이다. 이러한 도덕주의는 시 이전의 확정된 가치체계나 사고방식을 전제로 하는 것이다. 그러나 도덕적 교훈이나 세계관을 가르치기 위해서라면 구태여 시를 쓸 필요가 없다는 점에서 그 문제점을 드러낸다. 산문보다 짜임새도 덜하고 논리적으로 정확하지도

3) 심인보. 『현대 미국시인론』. 서울: 한신문화사, 1998. p.364.
4) 이윤섭. 「랜섬의 불확정성 시론」. 『인문과학연구』. Vol. 5 No. 2. 안양대학교 인문과학연구소, 1998. p.109~110.

않은 시로써 확정된 교훈이나 세계관을 전달하는 것은 아무래도 비효율적이기 때문이다. 도덕주의가 시와 문학에 부여할 수 있는 위상과 역할은 기껏해야 어려운 교훈적 내용을 문학의 수사법을 통하여 제시함으로써 독자들이 이해하거나 받아들이기 용이하게 해주는 정도이다. 철학 혹은 윤리학에서 이미 발견한 논리적 내용이나 확정된 의미를 시는 재미있거나 이해하기 쉽도록 여러 가지 장식을 하여 전달하기만 할뿐이다. 이 경우 시는 아무런 인식적 기능을 하지 못한다. 이러한 견해를 문학 비평 이론에서는 흔히 장식 이론, 혹은 당의정 이론(sugar-coated theory)이라고 말한다. 랜섬이 반대하는 또 하나의 견해는 이른바 정서주의이다. 이 견해에 따르면 시는 인식적 가치가 있는 그 어떤 논리적 내용을 제공하는 것이 아니라 시인의 내면에 있는 주관적인 정서나 느낌을 외부로 표출할 뿐이다. 표현 이론과 낭만주의가 바로 이러한 정서주의에 속하는 또 다른 이름이라고 할 수 있다. 이 견해 역시 시를 산문이나 과학으로부터 구별해 주기는 하지만 시에 부여하는 위상과 역할은 만족스럽지 못하다. 이는 정서주의나 표현 이론은 시의 인식적 국면과 그 가치를 포기하고 있다는 점에서 앞서의 도덕주의와 크게 다를 바가 없다. 시인이라는 한 개인의 심리에 카타르시스나 일종의 해방감을 준다는 점에서 나름대로 가치는 있지만 이 경우 시는 진리도 아니고 오류도 아닌 이른바 의사 진술에 머무르게 된다. 즉 시는 진리나 진실이라고 하는 것들과는 아무 관계가 없다는 것으로 이해되는 것이다. 이 역시 시를 인식이라고 보는 점을 결코 포기하지 않는 랜섬으로서는 결코 받아들일 수 없는 입장이다. 그렇다면 랜섬은 시를 어떻게 정의했는가?

랜섬은 시는 논리적 틀(logical structure)과 지엽적 결(local texture)로 이루어져 있다고 주장했다. 시의 논리적 틀은 논리적 담론의 그것보다는 부정확하거나 느슨한 것이고 한 편의 시에 있어서 논리적 틀을 뒷받침한다고 할 수 있는 지엽적 결들은 논리적 내용을 전개하는데 도움이 되기

보다는 오히려 방해가 되는 부적절한 것들이기 쉽다. 그런데 랜섬은 시의 독특함을 논리적 틀보다는 지엽적 결에서 찾고 있다. 비록 느슨하다고 한정되기는 했지만 논리적 틀은 다른 종류의 글이나 담론에도 있는 것인 반면에 결은 시 고유의 것이다. 랜섬은 결은 자유롭고 전혀 제약을 받지 않고 뻗어나가기에 시의 산문적 요소인 논리적 틀 속에 종속되거나 포함될 수 없는 것으로 보았고, 이 결은 시의 참된 내용과 관련된다고 믿었다. 그는 논리적 틀 없이 시가 쓰여 질 수 있다고 보지는 않았지만 시를 과학이나 논리 그리고 산문과 차별화하는 것은 역시 결이라고 생각했다. 논리적 내용은 시의 본질을 드러내지 못하는 반면에 과학적 담론이 다룰 수 없는 객관성의 정도나 실존적 질서와 관계하는 결이야말로 시를 차별화하는 요소라고 본 것이다.

랜섬의 시 한 편을 분석해보자. 랜섬의 시는 먼저 던의 시와 마찬가지로 지적(知的)인 요소가 지배적이며 그것이 이질적인 것과의 대조, 아이러니 등의 결과로 나타난다. 다음 그의 시구를 보면,

혹한과 류머티즘의 통증이
그의 뼈에서 바이올린의 가락을 울릴 것이다.

Aguse and rheumatic pains
Will fiddle on his bones.

17세기 형이상학파 시인인 마블(Andrew Marvell)의 시구를 연상시킨다.

나는 내 등에서 언제나
시간의 날개 돋친 전차가 가까이 달리는 소리를 듣는다.

But at my back I always hear
Time's winged chariot hurrying near:

형이상학파 시인들의 전통을 이어받아서 그는 매우 진지한 사상과 하찮은 일을 대조하거나 진지한 생각을 오히려 아이러니나 의사비극(mock tragedy)의 어조로 표현하는 것이다. 이것은 사상을 감정으로 바꿀 수 있는 지적 감성의 결과인 것이다. 아이러니란 결국 현상과 사실의 대조의 한 형식이고 아이러니의 초점은 사실과 그 사실의 허위인 현상 사이의 들어맞지 않는 어긋나는 점에 맞추어진다. 그것이 때로는 신과 인간사이의 충돌로, 때로는 객관과 주관의 상반으로 나타난다. 시인은 다만 객관적으로 그 충돌과 상반됨을 묘사하지만 독자는 그 숨은 뜻, 즉 보이지 않는 사실을 인식하게 되어 놀라움을 느끼게 된다.

랜섬의 아이러니는 이상과 현실의 상반, 인간과 비인간적이고 절대적인 것과의 관계 등을 다루게 되는데, 이러한 그의 아이러니 방법이 잘 나타나 있는 시가 바로 「재닛은 눈을 뜨다(Janet Waking)」이다. 이 시는 재닛이라고 하는 한 어린 소녀의 귀여운 암탉이 벌에 쏘여 죽은 하찮은 사실과 죽음이라는 심각한 사상을 병치시킨다. 다시 말해서 죽음이라는 것을 모르고 그저 암탉이 잠자는 줄만 알고 그것이 깨어나기를 기다리는 재닛과 영원히 깨어 날 수 없는 암탉의 죽음이라는 엄연한 사실을 대조시킨다. 늦게까지 잠자다가 깨어난 소녀는 처키(Chucky)가 죽은 사실에는 눈을 뜨지 못하고 그 닭 앞에서 무릎을 꿇고 그 닭이 깨어 일어나기만을 기다리는 것이다.

그래서 재닛은
젖은 풀 위에 무릎을 꿇고 갈색 암탉을
(인간의 딸들 이상으로 아주 달라진)
서러워하면서 그것이 일어나 걷기를 바란다.

그리고 그 애는 숨 쉬듯이 깊이 울면서

우리에게 간청한다. '저 닭을 잠에서 깨워주세요'
그리고는 죽음의 망각의 왕국이
얼마나 깊은 가를 깨달으려고 하지 않는다.

So there was Janet
Kneeling on the wet grass, crying her brown hen
(Translated far beyond the prayers of men)
To rise and walk upon it.

And weeping fast as she had breath
Janet implored us, "Wake her from her sleep!"
And would not be instructed in how deep
Was the forgetful kingdom of Death.

여기에서 재닛은 죽음의 사실을 깨닫고 배우려고 하지 않는데, 이것은 인간이 어떤 사실을 당했을 때 흔히 취하는 자기 기만적인 태도이다. 인간은 어떤 일을 당했을 때 현상과 피상적인 관찰로써 안이한 도피를 취하려고 하지만 그런 관찰은 그 속에 깊이 숨은 진실과는 항상 아이러닉한 모순을 일으키는 것이다. 이러한 주제를 랜섬은 소녀 재닛의 '어리석음'을 통하여 잘 나타내고 있는 것이다[5].

그 이외의 시들을 살펴보면, 예컨대, 「줄 타는 사람들(The Equilibrists)」, 「존 화이트사이드의 딸을 위한 조종(Bells for John Whiteside's Daughter)」, 「검은 딸기의 겨울(Blackberry Winter)」, 「그려진 머리(Painted Head)」 등 대부분의 시들이 훌륭한 아이러니를 다룬 작품들이다. 특히 「존 화이트사이드의 딸을 위한 조종(Bells for John Whiteside's

5) 이창배. 『20세기 영미시의 형성』. 서울: 민음사, 1979. p.149~151.

Daughter)」은 「재닛은 눈을 뜨다」와 마찬가지로 한 어린 소녀의 죽음을 애도한 시로서 소녀의 죽음을 직접적으로 묘사한 것이 아니라 소녀가 살아 있을 때의 활발한 모습을 생생히 묘사함으로써 갑자기 죽은 소녀의 죽음을 더욱 극적으로 묘사하고 있다. 랜섬에게 죽음은 시의 가장 위대한 주제요, 가장 진지한 주제다. 그는 '죽음은 되돌릴 수 없는 것이니 우리는 죽음을 맞아들이는 법을 익히는 수밖에 없다'[6]고 말한다. 죽음은 삶과 동떨어지지 않은 동전의 양면과 같이 삶의 또 다른 이면이다. 그는 어린 소녀의 죽음을 통하여 작가의 감정을 드러내지 않고 죽음을 묘사함으로써 죽음에 대한 낭만적인 환상을 배제한다. 그러므로 죽음을 소재로 한 이 시는 전통적인 의미에서의 애도시라기보다는 다의성을 담고 있는 작품으로 볼 수 있다. 역시 이 시에서도 아이러니의 방법으로 시를 전개하고 있는데 앞서 언급했듯 아이러니는 현상과 사실 사이의 차이에서 드러난다. 이 시는 또한 아이러니의 방식뿐만 아니라 '놀란다'(astonishes), '화난다'(vexed), '명상'(brown study), 또는 거위의 소리인 '슬프다'(Alas)와 같이 표면상의 의미와 시인이 거기에 내포시킨 상반되는 뜻과의 대조로서도 아이러니의 효과를 거두고 있다. 요컨대 랜섬은 형이상학파 시의 우수성을 역설하고 엘리엇과 같이 시에서 '감수성의 분열'(dissociation of sensibility)을 늘 경계한 시인이었다.

6) 김재현. 『영미시의 이해』. 서울: 외국어연수사, 1994. p.476.

김춘수 시와 형이상시

박 진 환(문학평론가)

1. 전제

形而上詩를 말할 때 '이것이 形而上詩다,라고 하지 않고 '최고의 시이면 다 形而上詩다'라고 말하는데는 몇 가지 이유가 있다.

하나는 최고의 시인이 쓴 시는 최고의 시이고, 최고의 시는 形而上詩다 라고 하는 등식인데 이는 최고의 시인의 시는 최고의 시이고, 최고의 시는 모두 形而上詩라는 뜻이 된다.

다른 하나는 최고의 시인이 쓴 시에는 形而上詩가 요구하거나 조건으로 하는 시적 장치를 갖추고 있다는 뜻을 담고 있는데 이는 최고의 시는 모두 形而上詩의 조건을 갖추고 있거나 이를 시에 실천하고 있다는 뜻이 된다.

여기에서 제기되는 것이 최고의 시로서의 조건, 곧 최고의 시인 形而上詩의 조건은 어떠한 것들이고 이러한 조건을 어떻게 시에 실천했느냐는데 대한 해명의 요구다.

주지하다시피 形而上詩가 성립되기 위해서는 몇 가지 조건이랄까, 장치가 갖추어져야 한다. 그리고 이러한 조건이나 장치는 形而上詩學이 요구하는 詩法에서 시를 출발시켰을 때 가능하게 된다.

이는 의도적으로 形而上詩가 요구하는 조건을 충족하기 위해서 形而上詩學이 요구하는 시법에 충실했다는 뜻이고, 그러했을 때만이 形而上詩는 성립된다는 것을 말해주는 것이 된다.

形而上詩學이 요구하는 중요한 몇 가지 시법으로 제시할 수 있는 것은 첫째 양극화다. 양극화는 상반·상충의 두 대립적 요소를 하나로 합일 내지 합성시켜 상반의 균형을 유지시키는 일이다. 그 때문에 아이러니를 필연화하게 된다.

둘째 두 양극성의 것을 합일시키기 위해서 상반· 상충의 대립성을 화해시켜 새로운 시의 질서를 이끌어내는 합일의 요소를 발견해내야 하는데 이를 담당하는 것이 컨시트다. 서로 동떨어진 것을 결합시키기 위해 동원하는 지적 장치로서의 위트, 위트에 의해 이동시키거나 전환시켜 화해시키는 순발력으로서의 기발성은 이에 해당된다. 고로 양극화의 전제만이 컨시트를 요구하게 되고 이는 形而上詩의 장치가 양극화와 컨시트를 동시에 요구하고 있다는 것을 의미한다. 컨시트를 형이상 컨시트라고 하는 것은 이 때문이다.

셋째는 문화적 징벌인 통징이다. 악에 대한 일종의 복수라고도 할 수 있는 통징의 감행은 形而上詩의 절대적 조건으로서 양극화·컨시트, 痛懲의 세 요소가 形而上詩의 골격을 유지시키고 있다고 할 수 있다. 그리고 이를 시에 실천했을 때 形而上詩는 성립될 수 있고, 이렇게 해서 성립된 시가 形而上詩이고 최고의 시인은 이러한 시학이나 시법에서 시를 출발시켰던 것이 된다.

김춘수 시인은 출발부터 形而上詩學나 시법에서 시를 출발시켰던 시인은 아니다. 그러나 그의 시에는 形而上的 요소랄까, 특성이랄까, 形而上詩法을 충실히 실천했다고 보여지는 시편들이 많다. 이는 김춘수 시인이 최고의 시인이었던 점에서 볼 때 그의 시가 形而上詩가 될 수밖에 없었던 필연을 수반했던 것으로 보아줄 수 있게 하는 근거가 된다.

본고는 이러한 최고의 시인으로서의 최고의 시인 形而上詩를 중심으로 김춘수 시와 形而上詩라는 맥락에서 김춘수 시에 접근해 보고자 한다.

2. 해명해야 할 몇 가지

김춘수 시인의 시를 논할 때 몇 가지 빼놓을 수 없는 시적 요소랄까, 장치에 대한 해명부터 곁들여야 할 것 같다.

그 하나는 그의 시학의 근간이라고 할 수 있는 무의미의시에 대한 점이다. 주지하다시피 무의미시는 김춘수 詩學의 근간이랄까, 시를 유지시켜주는 골격이랄까, 어쨌건 김춘수 시인의 전매특허품 쯤이 된다. 무의미시에 대한 해명은 여러 경로로 제시된 바 있다. 그래서 본고에서는 필자가 생각한 것을 피력해 보고자 한다. 무의미시는 의미가 없는 시라는 뜻과는 전혀 상반된 개념이다. 김춘수 시인이 피력했던 무의미시는 그 말뜻과는 정반대로 의미의 시를 애둘러 암시했던 것으로 이해해야 한다.

김춘수 자신의 해명에 의하면 일종의 관념의 Zero지대에서 새로이 탄생하는 관념, 즉 새로이 탄생시키는 관념의 발견을 의미했던 것으로서 일상적으로 통용되는 상투적인 통념으로서의 관념이 아니라 이를 버렸을 때 탄생할 수 있는 새로운 의미를 뜻했던 것이 된다. 그 때문에 새로운 관념은 새로이 태어나는 의미로서 고정의 틀을 깨뜨려 버린, 상식이나 통념에서 해방된, 일종의 새로운 관념을 의미했던 것이 되고 이 점에서 새로운 관념은 통념을 초월했을 때만이 가능했던 새로운 의미의 탄생이거나 발견이었던 것이 된다.

달리 지적하면 기존 · 기성의 것을 초월한, 사실에서는 맛볼 수 없는 새로운 사실의 발견으로서 진실이 아니면서 진실로써는 드러낼 수 없는 진실의 등가물로서의 秘意쯤에 해당되는 관념이 된다. 이 점에서 무의미시는 새로운 의미로 씌어진 시, 곧 새로이 발견된 의미로 씌어진 시쯤이 되게 된다.

문제는 무의미시의 해명보다 무의미 시가 던져 주고 있는 '의미'와 '무의미'라는 양면성으로서의, 형이상시적으로 말하면 시론의 양극화가 환기시켜주는 시학적 접근에 있다.

'의미'와 '무의미'는 분명 상반과 상충을 동시에 지니고 있는 합일 될 수 없는 양극성의 것이다. 그러나 외견상의 이러한 양극성과는 달리 그 배후엔 '의미'와 '새로운 의미'라는 서로 상통하는 통로를 지니고 있었던 것이 되는데 일종의 양극화의 합일을 이끌어내는 장치가 있었다는 뜻이 된다.

'있고', '없음'을 '있고 없음'을 넘어선 곳에서 합일시키는 새로운 발견으로서의 관념의 발견이 이끌어내는 것은 분명 형이상시학의 골격이자 시법과 일치하는 부분이다.

마치 사물 뒤에 가려져 드러나지 않으면서도 내재해 있는, 사물 자체로써는 드러낼 수 없는 秘意로서의 관념의 발견과 같은 맥락의 것이다.

이로서 보면 김춘수 시인의 시학이었던 무의미시는 기성 · 기존의 고정화된 통념으로서의 고정화한 관념을 버린 곳에서 새로이 탄생하거나 발견된 새로운 관념의 시였다는 점에서 시학으로 보여준 형이상시적 양극화의 시학을 제시 했던 것으로 이해할 수 있게 한다.

두 번째로 지적할 수 있는 것이 존재의 양극화다. '존재'와 '존재무'가 그것이다. 김춘수 시에서 존재의 탐구는 존재 탐구의 실존적 요구와도 맥락을 같이하는 것으로서 크게는 20C가 요구하는 존재 탐구의 대 명제에의 접근이었다고 할 수 있다.

관념에서 실념으로 철학적 명제가 이동되면서 20C는 실존의 탐구를 요구했고, 이러한 요구에서 출발시킨 시가 '존재'와 '존재무'라는 양면성의 제기였다. '존재'이면서 '존재무'가 될 수밖에 없는, '존재의 우연성'과 '존재의 필연성'은 실존에 따른 피할 수 없는 존재 해명이 수반하는 명제였다. 김춘수 시인도 이를 시 「不在」에서 출발시킴으로써 존재의 양면성을 극복, '존재' 자체인 자아의 발견을 통한 실존을 시로써 실천해 보고 싶었던 것으로 보아줄 수 있게 하는데 시를 제시했을 때 이해를 도울 것으로 보여진다.

어쩌다 바람이라도 와 흔들면
울타리는
슬픈 소리로 울었다.

맨드라미, 나팔꽃, 봉숭아 같은 것
철마다 피곤

소리없이 저버렸다.

차가운 한 겨울에도
외롭게 햇살은 青石 섬돌 위에
낮잠을 졸다 갔다.

할 일없이 세월은 흘러만 가고
꿈결같이 사람들은
살다 죽었다.

'부재'는 '존재'나 '실존'에 대응되는 개념이다. 그 때문에 존재의 전제가 되고 이 전제에서 존재는 성립되거나 탄생되기 마련이다. 예시는 존재이면서 존재무와 같은 일종의 피투된 존재로서의 무이자 존재이면서 존재의 필연성을 획득하지 못한 존재의 우연성을 제기함으로써 존재의 필연성에 대응시키고 있는 것이 된다.

바람이 불어야 흔들리는 울타리, 철마다 피곤 소리 없이 저버리는 맨드라미나 나팔꽃, 봉숭아, 외롭게 青石위에서 낮잠을 졸다 가버리는 겨울 햇살, 할 일 없이 흘러가는 세월을 살다 죽어가는 사람들은 그 표현은 각기 달라도 다 같이 존재의 필연성을 획득하지 못한, 그저 내어 던져진 피투된 존재로서의 존재의 우연성을 말해주는 것이 된다. 존재이면서 존재의 필연성을 획득하지 못한 존재의 우연성, 「不在」는 바로 이러한 존재하면서도 존재무와 같은 卽自 존재를 제시했던 것이 된다.

이러한 존재의 우연성을 존재의 필연성으로 이동시킴으로써 존재다운 존재, 존재의 우연성을 극복, 존재의 필연성을 획득하고자 하는 존재, 그리하여 너와 내가 존재의 필연성을 획득해내는 실재를 보여준 것이 시 「꽃」이다.

내가 그 이름을 불러 주기 전에는

그는 다만
하나의 몸짓에 지나지 않았다

내가 그의 이름을 불러주었을 때
그는 나에게로 와서
꽃이 되었다

내가 그의 이름을 불러준 것처럼
나의 이 빛깔과 향기에 알맞는
누가 나의 이름을 불러다오

그에게로 가서 나도
그의 꽃이 되고 싶다

우리들은 모두
무엇이 되고 싶다
나는 너에게 너는 나에게

잊혀지지 않는 하나의 의미가 되고 싶다

앞의 예시「不在」가 존재의 우연성을 제시했다면 예시「꽃」은 존재의 필연성을 제시하고 있다. 그저 우연한 존재로서의 몸짓에 불과 했던 卽物을 '꽃'이라고 이름을 불러줌으로써 즉물의 우연성을 극복,「꽃」이라는 새로운 사물로 태어나는 우연의 필연화나, 이름을 불러줌으로써 꽃으로 명명되는 卽自의 對自化나, 꽃이 그랬던 것처럼 나도 누군가의 꽃이 되고 싶어 하는 존재의 필연성 추구, 그리고는 내가 아닌 우리들 모두가 '잊혀지지 않는 하나의 의미'를 획득하고 싶어하는 卽自에서 對自로 이동하는 존재의 우연성을 필연성으로 전환시킨 존재 탐구를 통해 김춘수 시인이 추구한 존재의 양면성을 읽게 해주고 있는데 卽自와 對自가 바로 그것이다.

앞의 예시 「不在」는 卽自를, 뒤의 예시 「꽃」은 對自를 제시함으로써 존재의 양면성을 보여주고 있는데 이는 곧 形而上詩가 전매특허품으로 즐겨 쓰던 양극화와 일치한다.

하나의 卽物인 꽃을 제시, 꽃의 외형이나 미적 접근이 아닌, 꽃 뒤에 가려져 드러나지 않는 존재를 탐구한 이러한 존재의 탐구는 20C 시가 요구하는 실존 탐구라는 명제의 실제화와 함께 뛰어난 위트를 구사한 지적 조작으로 보아줄 수 있다. 그것은 꽃을 전면에 배치하고 그 후면에 가려진 실존의 비의를 발견하게함으로써 컨시트에 값하는 또 하나의 형이상 시법을 실천했던 것이 되기 때문이다.

위트와 상상력이 상보적으로 작용한 착상의 기발성, 그것은 꽃으로써 꽃이 아닌 새로운 존재를 탄생시켰다는데서도 그러하거니와 그 보다는 너와 나라는 두 양극성의 존재로 卽自를 對自로 이끌어내는 합일의 시법에서도 컨시트의 역할을 충실히 실천했다는데 귀결된다.

이점에서 꽃을 통한 존재의 탐구는 자신의 詩學인 '무의미시학'을 실천한 것이 되고 '무의미시학'이 형이상시학과 궤를 같이 한다는 것을 증명해주는 것이 된다.

자신의 시학을 자신의 시로써 실천한 시인은 그리 흔하지 않다는 점에서 보면 김춘수 시인의 '무의미시'나 'Zero化'의 詩學의 실제화는 귀한 몫이 될 수밖에 없게 된다. 그러나 그보다 더 간과할 수 없는 양극화 · 컨시트, 痛徵의 形而上詩學과 시법을 자신의 시에 충실히 실현한 다음 시는 김춘수 시인을 최고의 시인인 형이상 시인으로 불러 줄 수 있게 하는 또 다른 이유를 성립시킨다.

사랑하는 나의 하나님 당신은
늙은 비애다
푸줏간에 걸린 커다란 살점이다
시인 릴케가 만난

슬라브 여자의 마음에 갈앉은

놋쇠항아리다

예시「나의 하나님」은 백 마디의 이론 제시보다 더 명징하게 형이상시학과 시법을 고스란히 제시해주고 있다. 더구나 이 시는 시인의 시학과 시법을 자신의 시에 실제화함으로써 최고 시인의 몫인 최고의 시를 탄생시켰다고 할 수 있다. 왜냐하면 불과 6행의 단시 속에 形而上 詩學의 요체인 양극화 · 컨시트, 痛徵의 세 시법을 충분히, 그리고 구체적으로 실천하고 있기 때문이다.

정작 화자는 뒤에 숨고 하나님을 전면에 내세워 화자의 비애를 하나님의 비애로 전경화시키는 컨시트는 양극화와 함께 매우 기발한 착상을 보여준 것이 된다.

늙은 비애로서의 하나님은 기실 김춘수 시인 자신의 비애감을 하나님의 시각을 빌어 대리 표출한 것으로서 고질화된 비애다. 그렇다면 '늙은 비애'란 어떤 슬픔일까?에 대한 해명이 요구된다. 이에 대한 해명의 단서는 시행 그 어디에도 없다. 대신 '푸줏간에 걸린 커다란 살점'과 '시인 릴케가 만난 슬라브 여자의 가슴에 가라앉은 놋쇠항아리'가 제시되고 있을 뿐이다.

일테면 제시된 두 사물 속에 비애가 들어 있는 셈인데 고도한 메타포이자 치밀한 계산에 의한 컨시트의 동원이다. 왜냐하면 '비애'를 후경으로 숨기고 전면엔 '살코기'와 '놋쇠항아리'를 내세워 전경화 하고 있기 때문이다. 러시아 형식주의자들의 식으로 풀면 '비애'란 관념이 환기시킬 수 있는 자동전달로서의 관념을 의도적으로 배제 내지 차단, 철저히 위장시키고 있기 때문인데 이는 지적 조작만이 해낼 수 있는 컨시트의 몫이라고 할 수 있다.

풀이해보면 이런 계산이 나온다. '푸줏간의 살코기'는 비애와는 아무런 연관이 없는 식용육에 불과하다. 그런데도 화자는 이를 비애의 전면에 배치하고 있다. 고도한 상상력이 동원한 계산된 조작으로서 철저히 비애가 환기시킬 수 있는 자동 전달로서의 고정 관념을 차단시킨 것이 된다.

그렇다면 '살코기'가 어떻게 해서 비애가 될까?

하나님이 인간을 창조하실 때 육체와 정신을 동시 부여함으로써 인간을 탄생시켰다는 것은 이미 알고 있는 사실이다. 그리고 인간이 인간 구실을 하고 살 수 있는 것은 육체와 정신의 조화로운 삶으로 가능하게 된다. 헌데 현대인들의 삶은 그렇지가 못하다. 정신은 아예 저당 잡혔거나 내동댕이쳐 버리고 육체적 힘인 폭력이나 관능유희로만 살아간다. 필연적으로 양심이나 도덕과 같은 정신 덕목은 퇴화되고 상대적으로 정신과 도덕의 구속에서 자유로워진 육체적 힘이 난무하게 된다.

살인, 강도, 폭력, 성매매 등 온갖 악행들이 거듭되고 되풀이됨으로써 폭력이 지배하는 세상이 되게 된다. 이 악의 요소인 육체와 등가물이 살코기다. 화자는 이 악이 난무하는 비극적 현실을 하나님의 눈에 의탁, '늙은 비애'로 메타화했던 것인데 '살코기'가 '육체'가 되는 이치가 이러하다. 기발한 착상으로서의 컨시트다. 정신과 육체의 양극화를 첨예하게 대립시켜 서로 동떨어진 비애와 살코기를 연계시키는 기발성은 양극화이자 이를 상반, 상충시키거나 합일시키는 컨시트에의 충실이라고 할 수 있다.

이 뿐만이 아니다. 이번에는 '비애'와는 전혀 엉뚱한 '놋쇠항아리'의 전경화다. '비애'와 '놋쇠항아리'는 아무런 연계성이 없다. 그 때문에 '비애'를 나타내기 위해 '놋쇠항아리'를 전경화 하는 것은 철저한 자동 전달의 연계성을 의도적으로 차단한 지적 조작일 수밖에 없게 된다.

'비애'와 '살코기'가 그랬던 것처럼 '비애'와 '놋쇠항아리'도 같은 맥락의 추적이 가능하다. 현대를 일컬어 흔히 物神時代라고 한다. 정신적 가치보다 물질적 가치를 더 중시한다는 뜻으로서 물질을 신격화한다는 뜻이기도 한 물질로서의 신이 阿賭物이다. 배금주의니 황금만능이니 하는 물신주의를 두고 하는 말도 이를 두고 한 말로서 황금을 신격화하고 있다는 뜻인데 여기에서 단서는 제공된다.

'황금'은 이 시대의 최고의 값어치이자 절대 권능의 신격화된 물신의 대명사다. 그리고 현대인들은 아도물이란 신을 섬기며 신의 노예로 살아가고 있는 것이 부정할 수 없는 현실이다. 이 황금만능사상을 화자는 정신을 잃고 살아가는 비극으로 보면서 이를 하나님의 시각에 의탁했던 것이 '놋쇠 항아리'다.

'놋쇠'와 '황금'은 천지차이다. 그 때문에 영 동떨어진 것이다. 허나 그 값어치의 비등가성에도 불구하고 청동기 시대의 최고의 값어치는 청동이고 현대의 최고의 값어치는 '황금'이라는 '최고치'라는 점에서 보면 값어치도 시대도 다르지만 일치하게 된다. 곧 놋쇠가 황금과 등가물이 되게 되는 이치가 성립된다.

여기에서 '놋쇠'는 '황금'이 되고 황금이 환기시켰던 '비애'의 원인이 되게 된다. 곧 돈에 환장해버린 배금사상이나 황금주의와 같은 물질주의가 가져다주는 슬픈 현실을 '놋쇠 항아리'로 메타화한 시적 이치는 성립되게 된다.

역시 기발한 착상의 컨시트가 아닐 수 없고 '놋쇠'와 '황금'이라는 양극성의 것을 교묘히 합일시켜 '비애'를 성립시키는 형이상시법만이 해낼 수 있는 지적 조작으로서의 컨시트를 실천했던 것으로 보아줄 수 있게 한다.

문제는 양극화나 컨시트에 국한 되지 않고 형이상시학의 두 시법 말고도 '통징'이라는 시의 복수를 감행하고 있다는데 있다. 육체적 폭력과 관능의 추구로서의 악행, 물신주의에 편승해 정신적 가치를 상실하고 살아가는 황금의 노예가 되어버린 현대인에 대한 질타를 유감없이 통징하고 있다는 뜻이다.

일테면 양극화, 컨시트, 통징의 형이상시학과 시법을 6행의 짧은 시행에 고스란히 구사함으로써 형이상시다운 시를 보여주고 있다는 뜻인데 이 점에서 예시는 문화적 징벌이자 악에 대한 시의 복수인 통징의 감행을 여실히 보여준다고 할 수 있다.

특히 고도한 상상력만이 이끌어낼 수 있는 양극화, 순수한 통징만이 감행할 수 있는 시의 복수로서의 엄징은 물신시대를 살아가는 현대인들의 비극을 적나라하게 파헤치고 있다는 점에서 통징다운 통징의 시적 몫을 충분히 수행했다고 할 수 있다. 그리고 이러한 악행에 대해 외면하지 않고 이를 징벌하는 살아 있는 양심의 육성을 들려준다는 점에서 통징의 의미는 더욱 크다고 할 수 있다.

3. 결어

이쯤으로 줄여도 최고 시인의 시로서의 형이상시는 세편의 예시만으로도 충분히 그 본태를 제시했다고 본다. 그리고 시학으로서의 양극화와 이의 실천으로서의 시적 양극화, 양극화를 합일시켜 새로운 질서로 재구성해 내는 시법으로서의 컨시트 그리고 한국시에서는 찾아보기 어려운 문화적 징벌로서의 시의 복수인 통징의 감행을 한 편의 시로 보여주고 있다는 점에서 김춘수 시인의 시와 형이상시의 맥락성은 성립된다고 할 수 있다.

그리고 최고의 시는 형이상시다라는 형이상시에 대한 이해에도 도움이 됐을 것으로 믿어본다.

정지용의 영성적 형이상시

신 규 호 (시인, 성결대 명예교수)

1.

1920~30년대에 주로 활동했던 시인으로 한국의 현대시사에서 중요한 위치를 차지하고 있으면서도 월북 문인으로 취급되어 온 정지용 시인은, 1980년대에 와서야 정부로부터 비로소 해금되어, 이제는 그의 시가 노래로까지 일반에게 널리 알려져 있을 정도가 되었다. 그가 해금된 이래 여러 연구가들이 그의 시 세계에 대하여 많은 관심을 갖게 되었고, 그에 따라 다수의 연구 논문이 발표되고 있다.

그러나, 그가 남긴 형이상시에 대한 연구는 본격적으로 이루어져 있지 못한 상태인 것이 사실이다. 그에 관한 논문 중 일부에서 부분적으로 언급되고 있기는 하지만, 그의 시가 지니고 있는 형이상시적 성취에 대해서 밝히려 한 논문은 아직 없는 실정이다.

이 글에서는 정지용의 형이상시를 분석, 고찰해 봄으로써, 그의 작품에 대해 아직 밝혀 내지 못한 영성적인 면을 규명해 보고자 한다.

본질적으로, '형이상(학)시'란 엘리엇이나 신비평적 작시법에 의존해서 종교적 영성 체험을 예술적으로 형상화 하여 창작된 작품을 가리킨다. 왜냐하면, 형이상시의 역사적 배경이 본디 종교(기독교)와 관련이 있으며, 영성의 시적 표현이 엘리엇이나 신비평가들의 시론에 의하여 내면화

하는 방법을 견지하고 있기 때문이다. 그렇다고 해서 형이상시가 호교적 종교시가 될 수는 없다.

시인이 작품으로 표현하는 영성 체험이란, 다만 작품을 창작하는 시인의 내적 감정이나 그 작품을 통하여 그가 말하고자 하는 체험의 내용이 영성적임을 스스로 확신할 수 있는 그런 것을 의미한다. 오늘날 현대문학에서 '영성적'이라 하는 것은 내면화 된 주제적인 것이지, 어떤 교의적 소재이거나 종교적인 수칙을 가리키는 것은 아니다. 과거와는 달리 영성적 현대문학은 일반문학과 그 표현 형식은 동일하지만, 표면으로 드러나지 않은 채 그 영성이 육화되어 형상화 된 주제적인 측면에서 다른 것이다. 그런 의미에서, 한국의 형이상시는 궁극적으로 문학적 순수성을 지향해야 한다고 생각한다.

한국의 형이상시에 관하여 저간에는 거의 연구가 이루어지지 않았고, 바야흐로 본격적 연구의 시작 단계에 있으므로, 현 시점에서 착수해야 할 과제는 21세기를 맞이하여 새롭게 출발하고 있는 '한국형이상시'의 개념 규정과 함께, 현대시사에서 이미 생산된 형이상시적 수법에 의해 창작된 작품이나 시인을 발굴해서 그에 관한 연구가 선행되어야 할 것이다.

본고에서는 정지용의 작품을 예로 들어, 그가 1930년대에 이미 훌륭한 영성적 형이상시, 곧 '영성시' (필자가 본고에서 새로 사용하는 용어임)를 창작하였음을 입증해 본다. 아울러, 방황하고 있는 한국의 현대시가 궁극적으로 지향할 바, 보다 심원한 영성적 세계를 탐구하는 데 모범적 사례로 정지용의 영성시를 들어 분석해 봄으로써, "21세기 한국 형이상시"가 나아갈 바, 방향성을 제시해 보고자 한다.

2.

정지용은 1930년 '시문학' 초기 동인으로, 문학 전문지인 『문장』을 주관하는 등, 한국 현대시의 발전에 뚜렷한 족적을 남긴 시인이며, 그의 영성적 작품은 비록 수적으로 얼마 되지 않지만, 뛰어난 예술성을 획득하는 데까지 나아감으로써, 최초로 수준 높은 영성적 형이상시를 다음과 같이 남기고 있다.

1) 비애! 너는 모양할 수도 없도다.
너는 나의 가장 안에서 살었도다.

너는 박힌 화살 날지 않는 새,
나는 너의 슬픈 울음과 아픈 몸짓을 진히노라.

너를 돌려보낼 아모 이웃도 찾지 못하였노라.
은밀히 이르노니 -「행복」이 너를 아조 싫여하더라.

너는 짐짓 나의 심장을 차지하였더뇨?
비애! 오오 나의 신부! 너를 위하여 나의 창과 우슴을 닫었노라.

이제 나의 청춘이 다한 어느 날 너는 죽었도다.
그러나 너를 묻은 아모 石門도 보지 못하였노라.

스사로 불 탄 자리에서 나래를 펴는
오오 비애! 너의 불사조 나의 눈물이여!

—「不死鳥」 전문

2) 그의 모습이 눈에 보이지 안엇으나
그의 안에서 나의 호흡이 절로 달도다.

물과 聖神으로 다시 나흔 이후
나의 날은 날로 새로운 태양이로세!

뭇 사람과 소란한 세대에서
그가 다맛 내게 하신 일을 진히리라!

미리 가지지 안엇던 세상이어니
이제 새삼 기다리지 안으련다.

령혼은 불과 사랑으로! 육신은 한낯 고로움.
보이는 한울은 나의 무덤을 덥힐 뿐.

그의 옷자락이 나의 五官에 사모치지 안엇스나
그의 그늘로 나의 다른 한울을 삼으리라.

—「다른 한울」 전문

앞의 시에서 신앙적인 상투적 어투나 고백은 철저히 배제되어 있다. 오히려 시인의 영성적 체험이 철저히 내면화됨으로써, 지극히 심오한 예술성을 획득하고 있는 작품이다. 적어도 표면적으로는 그 시상이 순수하게 전개되어 종교적 영성이 보편적으로 화됨으로써, 인생과 세계에 대한 지극한 비애감을 심도 있게 전해 주고 있으며, 나아가 신앙적으로는 십자가에 달린 예수의 모습을 상기시켜 주는 작품이다.

완성된 훌륭한 작품 속에는 형이상적 가치질서나 혹은 종교적 가치질서가 내면화 되어 스며있다는 사실을 이 작품이 증명해 준다. 완성된 형이상시 작품은 단순한 미학적 이해만으로는 설명될 수 없는 상징의 조직체이며 신화의 구조물이란 점을 동시에 만족시키는 데 성공함으로써, 이 시가 단순한 예술시의 차원을 넘어 심오한 형이상학적 의미가 스며 있어, 보다 심도가 깊은 '영성시'임을 확인시켜 준다. 그의 신앙 체험이 육화되어 보편화 단계에 이르렀음을 보여 주므로, 이러한 시를 가리켜 '영성시'라 칭할 수 있다고 생각한다.

위에서 두 번째 인용한 시인 「다른 한울」을 보면, 정지용은 비로소 작품 가운데 그의 표현 대상을 의미해 주는 '그'를 지적함으로써, 신에 대한 그 자신의 믿음을 암시하고 있다. 그러면서도 겉으로는 전혀 상투적인 어투나 관습화된 표현이 보이지 않고 있으며, 어디까지나 냉엄한 예술적 관점에서 그 자신의 영성적 체험을 형상화하고 있음이 확인된다. 제 삼자가 포착할 수 있는 신앙적 요소는 시적으로 형상화된 예술성 속에 함축된 채 내면화 되어 있어 더욱 감동을 준다.

1) 그의 모습이 눈에 보이지 안엇으나
그의 안에서 나의 호흡이 절로 달도다.

물과 聖神으로 다시 나흔 이후
나의 날은 날로 새로운 태양이로세!

뭇 사람과 소란한 세대에서
그가 다맛 내게 하신 일을 진히리라!

— 「다른 한울」 일부

2) 온 고을이 밧들 만한
장미 한 가지가 솟아난다 하기로
그래도 나는 고하 아니하련다.

나는 나의 나히와 별과 바람에도 疲勞웁다.
이제 태양을 금시 잃어버린다 하기로
그래도 그리 놀라울 리 없다.
실상 나는 또하나 다른 태양으로 살엇다.
사랑을 위하얀 입맛도 잃는다.

—「또하나 다른 태양」 일부

위에 인용한 작품 중 1)은 '그'(절대자)에 대한 '나'(시인)의 찬미를 표현함이요, 2)는 '또하나 다른 태양'(절대자) 앞에 간접적으로나마 '나'의 믿음을 고백하는 시다.

1)의 비유는 '한울', '물', '태양', '불', '무덤' 등의 매재로 이루어져 있고, 2)는 '꽃(장미)', '별', '바람', '태양' 등으로 구성된다.

비유로 사용되고 있는 매재를 분석해 보면, 그가 특히 '하늘', '태양', '물', '불', '바람', '별' 등에 의존하고 있다. 그 중에서도 특히, 지상적 소재보다도 천상적 소재에 해당하는 '하늘', '태양', '별', '바람' 등의 매재가 작품 가운데에서 핵심적 소재로 쓰이고 있음은 주목해야 할 사항이다. 그와는 대조적으로 위의 시 2)에서 알 수 있는 바와 같이, 신자로서의 인간적 고뇌가 깊은 음영을 드리우고 있음도 확인된다. "나는 나의 나히와 별과 바람에도 피로웁다."라든지, "사랑을 위하얀 입맛도 잃는다."와 같은 형이상적 비유에는 절제된 표현 가운데 인간으로서의 심각한 번민이 숨어 있다.

정지용의 영성시에서 지적되어야 할 사항은 그가 시어의 사용에 있어 특히 전통적으로 습관화 되어 온 신앙적 상투어를 사용하지 않고 있다는 점이다. 절대자에 대한 호칭 ('하나님', '예수님', '그리스도', '주님', '주여' 등)을 생략하고 있을 뿐만 아니라, 서술어미 사용에 있어서도 극존칭 서술형 어미를 피하고 있다. '나는 …… 하였다.', '나는 …… 한다.', '나는 …… 하다.'와 같은 평서체 사용은 그의 영성적인 시적 표현의 두드러진 특징인데, 시작에 있어 감정의 절제나 균형과 조화 등 고전적 태도를 견지함으로써, 정서의 과잉을 극복하고자 하는 현대시의 개척에 앞장섰던 그에게 이는 당연한 표현법이라고 할 수 있다.

이와 같은 정지용의 작시법은 그의 다른 영성시에서도 그대로 확인된다.

1) 얼골이 바로 푸른 한울을 울어렀기에
발이 항시 검은 흙을 향하기 욕되지 않도다.

곡식알이 거꾸로 떨어져도 싹은 반듯이 우로!
어느 모양으로 심기여졌더뇨? 이상스런 나무 나의 몸이여!

오오 알맞은 위치! 좋은 우아래!
아담의 슬픈 유산도 그대로 받었노라.

나의 적은 연륜으로 이스라엘의 이천 년을 헤였노라.
나의 존재는 우주의 한낱 초조한 오점이었도다.

목마른 사슴이 샘을 찾어 입을 잠그듯이
이제 그리스도의 못박히신 발의 聖血에 이마를 적시며……

오오! 신약의 태양을 한아름 안다.

—「나무」 전문

2) 나의 림종하는 밤은

귀또리 하나도 울지 말라.

나종 죄를 들으신 신부는
거룩한 산파처럼 나의 영혼을 갈르시라.

(중략)

담머리에 숙인 해바라기꽃과 함께
다른 세상의 태양을 사모하며 돌으라.

영원한 나그네 길 路資로 오시는

聖主 예수의 쓰신 圓光!
나의 령혼에 칠색의 무지개를 심으시라.

나의 평생이오 나종인 괴롬!
사랑의 백금도가니에 불이 되라.

달고 달으신 聖母의 일홈 불으기에
나의 입술을 타게 하라.

—「臨終」

1)의 비유는 '얼골'과 푸른 '한울', '발'과 검은 '흙', '나무'와 나의 '몸'이 연결된 형태로 이루어졌다. 그리고 그것들이 각각 이상을 지향하는 천상적 이미지와 현실에 집착하려는 지상적 이미지 사이에 위치한 인간의 중간자적 실존의 모습을 표상하는 매재들이다. 그럼에도 불구하고, 시

인은 양극 사이에서 인간적 갈등을 겪지 않고 오히려 '좋은 우아래'로 받아들이고 있다. 인간 실존의 모습을 분열된 양극 구조로 파악하는 것이 아니라, 상극하는 양면성을 극복, 지양함으로써 축복 받은 존재로 승화시킨다.

갈등하고 마찰하는 '우(上)'와 '아래(下)'가 아닌, 승화된 '좋은 우아래'인 것이다. 본디 '한낱 초조한 汚點'에 불과했던 '나(인간)'가 구세주의 대속의 피인 '聖血'로 말미암아 '태양을 한 아름 안는' 구원에 이른다. '上'과 '下'의 원형은 문학 작품 가운데 계속 반복되어 나타나는 상징으로, '上'은 성취, 숭고, 천국과 같은 취의를, '下'는 그와 반대로 실패, 비속, 지옥, 심연 등을 의미하므로, '좋은 우아래'는 양자의 지양된 상태, 곧 구원의 축복을 의미한다.

따라서, 이 작품은 현실적 인간의 번민과 고통을 노래한 것이라기보다 축복 받은 구원의 상태를 찬미하는 영성적 '찬가'로 보아야 한다. 이 작품에서도 '하늘', '땅(흙)', '나무', '우아래', '태양' 등의 상징어가 등장하고 있음이 확인되고, 동시에 구약「시편」에 빈번히 등장하는 인체 부위에 관한 낱말들인 '얼골', '몸', '입', '이마' 등이 매재로 쓰이고 있다.

정지용의 영성시를 한갓 시적인 멋이나 장식적 미학의 수준에 머물고 있다고 부정적으로 평가한 김윤식의 견해 등은 구원론적 신앙세계에 대한 이해의 부족과, 정지용이 그의 신앙심을 예술적으로 승화시키고자 한 의도를 파악하지 못했기 때문이다. 위에서 확인한 바와 같이, 정지용의 영성시는 분명히 천사와 악마의 대립적 갈등 구조가 아닌, 그것을 초극한 구원의 체험을 표현하고 있기 때문에 그러한 비판적 견해와는 거리가 먼, 수준 높은 영성적 체험의 시적 형상화 수준에 자리잡고 있다고 보아야 할 것이다.

이와는 달리, 2)의 시 「임종」은 신자로서 자신의 죽음을 신에게 전적으로 의탁하는 시라 할 수 있다. 사후의 천국을 믿는 믿음과 선종 전에

행하는 회개가 절절히 표현된 영성시의 절창이라 할 만하다.

3.

정지용의 시 작품은 대체로 세 부류로 나누어 논의가 전개되어 온 바, 첫째는 모더니즘적 경향을 띤 일군의 작품과, 둘째로 전통정서를 노래한 일군의 작품들, 그리고 신앙에 의해 창작된 작품군이 그것이다.

먼저, 모더니즘적 작품들에 대해서는 대부분의 논자들이 그의 고전적 이미지와 정제된 시어로 잘 조직된 시적 구조에 대해 찬사를 아끼지 않고 있는 바, 서구의 주지주의적 경향을 잘 소화하여 그것을 우리 시에 성공적으로 적용함으로써 빛나는 이미지를 구사할 수 있었다고 평가된다.

다음으로, 전통정서를 노래한 작품군에 대해서도 대체로 긍정적인 면에서 평가를 아끼지 않고 있는 바, 논자에 따라서는 그의 시의 본령이 바로 이러한 경향의 시에 존재한다고 주장하는 평자들도 있을 정도로 호평을 받고 있는 형편이다.

그러나, 신앙과 관련된 정지용의 영성시에 대해서는 그 반대로 가장 부정적 평가를 하고 있으니, 이 경향의 작품에 대해서는 앞의 두 경향의 작품 군과는 달리 관념이 노출되어 있고 식민시대의 상황 의식에 투철하지 못한 도피적인 한계를 지녔다고 지적하고 있다. 하지만, 이러한 평가는 오류를 범하고 있다. 물론 정지용이 혹독한 식민 시대에 시를 통한 저항 의식을 노래하지 않았지만, 그러나 그가 단지 영성시에 국한해서만 그런 지적을 받을 만큼 개인주의적이라고는 볼 수 없다. 근본적으로 정지용은 시 창작에 있어 작품에 사회의식이나 역사의식을 반영하고자 한 시인이 아니었기 때문이다. 넓게 보아 그는 참여시 계열보다는 순수시 계열에 속하는 고전적이고 형식주의적인 시인이었다.

정지용에게 있어 문제가 되는 것은 그러한 집단의식이나 역사의식이 아니고, 지극히 인간적인 '자아' 그 자체였으며, 나아가 궁극적 아르케를 찾는 형이상적 시인이었다. 뿐만 아니라, 구원의 문제가 일제의 교묘한 정교 분리정책과 이에 동조한 선교사들에 의해 개인구원과 사회구원으로 양극화됨으로써, 신앙인들은 오로지 개인구원의 문제에만 관심을 갖도록 순치됨으로써, 일제치하에서 자연히 개인구원에만 매달릴 수밖에 없었다는 점을 인식할 필요가 있다.

다른 문제의 제기 가능성은, 문학적 보편성을 지닌 그의 시를 '영성시'라 할 수 있느냐 하는 용어상의 문제이다. 하지만, 이 점도 그의 경력을 살펴보면 그리 문제될 것이 못된다고 본다. 정지용은 1923년 5월부터 1929년 6월까지의 6년 동안 동지사대학 시절을 개신교 신앙 과정으로 볼 수 있으며, 1929년 귀국 전후의 시기를 캐토릭 입교시기로 추정할 수 있기 때문이다. 이렇게 볼 때, 본고에서 다루는 그의 시를 신앙과 유관한 '영성적 형이상시'라 하는 데 무리가 없다고 본다.

나의 가슴은
조그만 '갈릴레아 바다'

때없이 설래이는 파도는
美한 풍경을 이룰 수 없도다.

예전의 門弟들은
잠자시는 主를 깨웠도다.

主를 다만 깨움으로
그들의 信德은 복되었도다.

돛폭은 다시 펴고
키는 방향을 찾았도다.

오늘도 나의 조그만 '갈릴레아'에서
主는 짐짓 잠자신 줄을……

바람과 바다가 잠잠한 후에야
나의 歎息은 깨달었도다.

—「갈릴레아 바다」 전문

이 시는 성서에 나오는 역사적 사실을 창작에 도입하여 은유화한 영성시다. 제 1, 2연의 문학적 은유가 제 3, 4, 5연의 성서적 상징을 거쳐 제 6, 7연의 창조적인 새로운 은유(과거적 사실의 현재화)로 형상화됨으로써 시적 리얼리티를 획득하고 있다. 그 구조를 분석해 보이면 다음과 같다.

제1연 : 나의 가슴은 '갈릴레아 바다 (문학적 은유)
제2연 : 설레임…… 파도 (문학적 은유)
제3연 : 主를 깨우는 門弟들 (성서적 은유)
제4연 : 門弟들의 信德 (성서적 은유)
제5연 : 폭풍이 가라앉음 (성서적 은유)
제6연 : 나의 가슴 (조그만 '갈릴레아')에서 잠자는 主 (문학적 은유)
제7연 : 폭풍(설레임)이 잠잠한 후 나의 깨달음 (문학적 은유)

은유는 비유의 한 형식으로 일상적 의미가 친화적인 비교를 토대로 다른 의미에 적용되는 비유이다. 바꿔 말하면, 은유란 취의와 매재 상호간의 어떤 유사성을 토대로 하여 그 의미를 전이시키는 것이다. 일상적으로 친숙해 있어 낯익은 두 개의 사물을 상호간 유사성을 토대로 동일시 할 때 은유는 성립된다.

누어서 보는 별 하나는
진정 멀-고나

아스람 다치랴는 눈초리와
금실로 잇은 듯 가깝기도 하고

잠 살포시 깨인 한밤에
창유리에 붙어서 엿보노나.

불현 듯, 소사나듯
불리울 듯, 맞어드릴 듯,

문득, 령혼 안에 외로운 불이
바람처럼 일는 悔恨에 피어오른다.

힌 자리옷 채로 일어나
가슴 우에 손을 넘이다.

—「별」 전문

이 시의 제 5 연 '령혼 안에 외로운 불'은 제목인 '별'과 은유의 관계를 이룬다. 친숙한 두 개의 사물, 곧 '별'과 '불'이 상호간의 유사성 때문에 비교되면서 연결되어 있다. 성서에 나오는 '별'의 취의는 '구원자의 탄생', '재림', '영화', '使者' 등이다. '불'은 성서에서 '성령'의 의미로도 쓰인다. 이로 미루어보아 이 작품은 '영혼에 임재하는 성령'이라는 주제를 연상하게 하는 시라고 할 수 있다. 특히, 마지막 연의 경건한 영성적 분위기가 그 사실을 입증해 준다.

이처럼 은유에 의해 종교적 영성 체험이 예술적으로 승화되는 형상화 단계에 이른 영성시는 종교적 교리를 표면으로 노출하기보다는 문학적 예술성을 주된 목적으로 삼고, 교리는 내면화되거나 무의식 상태로 작품에 관계되는 등, 문학성 속에 교리적 요소가 융합되어 형상화됨으로써 신앙의 표면적 특성이 희박해지고 일견 일반 문학적 성격을 띠게 된다. 문학성과 교리성이 융합되어 불가분의 혼융 상태로 표현되는 경우 그것이 분명한 신앙적 주제를 암시해 주고 있다면 당연히 영성시로 분류해야 할 것이다.

1연~4연까지의 서경적 표현이 5연에 와서 내면화 되어 '령혼 안에 외로운 불'이 '바람처럼 일는 회한에 피여오름'으로써 갑자기 회개의 심각성을 나타낸다. 뿐만 아니라 마지막 6연에 표현된 경건한 마음의 자세는 '가슴 위에 손을 여미는' 서정적 자아의 신앙적 자세를 보여 줌으로써 이 작품이 영성시임을 강하게 암시한다.

내 무엇이라 이름하리 그를?
나의 령혼 안의 고흔 불,
공손한 이마에 비츄는 달,
나의 눈보다도 갑진이,
바다에서 소사올라 나래 떠는 金星
쪽빛 하늘에 흰 꽃을 담은 高山植物,
나의 가지에 머믈시 안코
나의 나라에서도 멀다.
홀로 어엿비 스사로 한그리워…… 항상 머언이,
나는 사랑을 모르노라, 오로지 스그릴 뿐.

때 업시 가슴에 두 손이 여믜여지며
구비 구비 도라나간 시름의 황혼길 우……
나…… 바다 이편에 남긴
그의 반임을 고히 진히고 것노라.

—「無題」 전문

이 시는 정지용의 영성시 11편 가운데 제일 먼저 발표된 작품으로, 1931년 10월에 나온 『시문학』 지 3호에는 제목이 「무제」로 되어 있지만, 시집에 실릴 때 「그의 반」으로 개제된 작품이다. 이 시에 나오는 '그'는 어느 모로 보나 신앙의 대상인 절대적 존재를 가리킨다. 그러면서도 절대자인 '그'는 나와 동떨어져 멀리 존재하지 않고 '내 영혼 안에 존재하는 불'로, '내 공손한 이마에 비치는 달'로, 그리고 '내 눈보다도 값있는 존재'로, 그리고 손이 닿지 않는 '금성'과 '고산식물'로 치환됨으로써, 절대자의 모습이 추상적 관념이 아닌, 구체적 이미지로 肉化(Incarnation)되어 있다. 다시 말하면, 절대적 존재인 '그'를 드러내기 위해 쓰인 매재들은 '나'와는 거리가 멀어 함부로 다가갈 수 없는 것들, 즉 경배의 대상들임을 보여 주고 있다.

그렇지만, 그 경배의 대상이 동시에 나와 전혀 관계없는 존재가 아닌 '내 영혼 안에 고운 불'로 타올라 내가 비록 '온전한 그'가 될 수는 없지만, '그의 반'은 될 수 있는 그런 존재임을 고백하고 있는 것이다. 인간인 자기 자신 안에 깃들여 내재하는 신의 모습을 영성적 체험으로 표현하고 있다. '그'의 형상이 내 안에 임재해 나의 반을 이룸을 의미한다.

4.

1920~1930년대 한국 시단에서 주도적 역할을 했던 시인으로, 6.25 이후 한 동안 월북시인으로 취급됨으로써, 그의 시가 일절 인용될 수도 없었고, 그의 작품에 대해 논의할 수도 없었던 정지용 시인의 영성적 형이

상시에 대해 살펴봄으로써, 그에 의해 상투적 표현애 빠져 있던 한국의 신앙시가 비로소 현대적 본격 예술시인 '영성시'의 반열에 오를 수 있었음을 확인하고자 한 것이 이 글의 목적이었다.

정지용 시인은 여타의 본격 예술시에 있어서도 우수한 작품을 많이 남겼지만, 그의 뛰어난 능력으로 종교성과 문학성을 융합해야 하는 지극히 어려운 난관을 극복함으로써, 예술적 입장에서 보아도 손색없는 우수한 영성시를 창작하는 데 성공한 시인이라는 사실을 밝힐 수 있었다. 그가 남긴 영성시가 비록 10여 편에 불과할 뿐만 아니라, 광복 후 그의 행적에 여러 가지 의문점을 남기고 있지만, 그럼에도 불구하고 앞에서 살펴 본 그의 작품 한 편 한 편은 한국 시문학사에 최초의 영성적 명작으로 남을 만큼 뛰어나다는 점만으로도 그 의의는 매우 크다고 할 수 있다.

표현양식으로 본 풍시조
— 박진환 시집『동굴 일지』를 중심으로

정 재 영 (시인 · 문학평론가)

1. 들어가는 말

문예사조로 본 현대시의 큰 흐름은 모더니즘에서 후기 모더니즘을 거쳐 금일에는 다시 새로운 사조를 요구하고 있다. 그동안 아방가르드라는 이름으로 다양한 작품들을 보여주고 있지만 시의 기능과 문학성(미학성)을 생각할 때 많은 의문을 주고 있는 현실이다. 특히 포스트모더니즘의 영향으로 다원주의와 해체주의의 영향으로 혼란스러워진 시의 창작 현장이 새로운 요구가 필연적으로 될 수밖에 없는 지점에 와 있다. 모더니즘의 한계는 포스트모더니즘을 부르게 되었고 지금은 그 역시 한계로 방향을 수정하거나 그 자체를 뛰어넘을 시기가 지난 감이 든다.

현대시의 전통적인 맥을 이루고 있는 형이상시학에 바탕을 둔 이론으로 창작 운동을 주창하는 시인이자 평론가인 박진환은 풍시조라는 시 장르를 창제했고 다섯 권의 시집『물신시대』에 이어『동굴 일지』라는 이름의 500편의 연작시를 5권의 시집으로 엮어 그 이론과 실제를 보여주고 있다.『물신시대』에서는 각 권마다 문단의 중요한 시인들과 평론가들의 평설을 통해 풍시조의 문학적 다양한 의미를 검증했다. 그러나 이번『동굴 일지』에서는 시인 스스로가 풍시조의 수사학적인 이론을 각 권의 서문으로 올려 표현 양식을 구체적으로 제시, 확인하여 주고 있다.

풍시조는 시조(時調)와 같이 3행의 형식을 가진다. 내용으로는 풍자와 해학의 자세로 세태를 풍자하며, 새로운 형식의 시라는 의미에서 풍시조(諷詩調)라는 명칭을 명명했다. 각 행은 25자 이내의 음보를 가진다. 특이한 것은 모든 시가 첫 자를 맞추나 풍시조는 각 행의 마지막 글자에 맞추었다. 비록 시의 외형상 차이가 있으나 전체적인 수사(rhetoric)는 형이상학 시법에서 추구하는 현대시의 큰 흐름과 동일하다는 것이다.

풍시조는 시조와 일맥상통하면서도 예술적 감흥을 겨냥하는 데에서는 시조(時調)와 사뭇 다르며, 시조가 그 주제를 시대적 풍습에 맞추려는데 두고 있다면 풍시조는 시류를 넘어서는 인간이 관심을 가지는 모든 분야를 망라한 다양한 부분까지 다루는 작품으로서의 시적가치를 높이려는 의도가 숨어 있기에 순수시와 방향을 같이 한다는 시인의 주장을 눈여겨 볼 필요가 있다.[7] 즉 풍시조의 예술적 감흥은 결국 표현 방법을 염두에 둔 수사학적 특성을 말하는 것으로 시류를 넘는다는 말은 예술사조에 근거한 역사적인 근거가 있음을 염두에 둔 주장이다.

여기서 말하는 역사적인 근거란 형이상시와 풍자시의 시법상의 맥락성에서 찾고 있다.[8] 즉 현대시의 주류를 이루는 기법은 형이상학파의 시 창작론의 특징과 동일하다는 것이다. 새로운 제3유형의 시란 말과 같이 19세기의 관념 일변도나 20세기 사물 일변도가 아니고 관념과 사물의 통합내지 포괄하는 방법 즉 엘리엇과 랜섬의 주장을 풍자시에서도 주된 기법으로 원용하고 있음을 밝히고 있다. 이 방법은 포스트모더니즘의 경계선, 소위 후기 포스트모더니즘을 넘는 새로운 방법론으로 복귀하려는 새로운 시법을 제시한다고 말하고 있다.[9] 형이상시학파의 수사학의 역사성이란 그 내용에서 형이상적인 것 때문에 주목을 받는 것이 아니다. 그것은 그들이 사용한 수사학이 현대시의 거장들이 즐겨 사용하고 있는 방법

7) 박진환. 『풍시조시학』. 조선문학사 2012. p.47.
8) 상게서. p.p 23~24.
9) 상게서. p.23.

이기 때문이다.[10)]

그럼 20세기 최고의 시인들이 사용한 형이상시법의 표현양식의 기본이 무엇이며, 박진환 시인의 풍시조집 『동굴 일지』에서는 어떤 형태로 작품화 되어 있는가를 확인하고자 한다.

풍시조가 한국전통적인 시조의 형태를 빌고 있음은 단지 양식상의 문제다. 그래서 그 안에 담고 있는 풍자나 해학의 내용은 글의 성격과 지면상 꼭 필요한 부분을 제외하고 가능한 생략하고자 함을 미리 밝힌다.

2. 풍자시의 맥인 형이상시법의 표현양식의 개요

현대시라는 시학의 중요한 시기인 모더니즘의 대간을 이루고 있는 중요한 시인들과 이론가들이 형이상시학의 중요한 수사학적인 기법을 통해서 작품을 만들었던 것은 주지의 사실이다. 그러나 포스트모더니즘에서는 모더니즘의 형식주의가 가진 양식을 해체라는 성격으로 다양한 표현기법을 동원하였으나 해체가 결국 파괴의 형태로 발전되어 그것 자체마저 해체시켜 발전의 방향을 놓치고 말았다. 지금처럼 혼미한 시문학의 시류에서 다시금 새로운 시법을 찾기 위해서는 현대시의 근간을 이루는 형이상시학의 이론을 동원하여 새로운 시문학을 회복하고자 함에서 풍자시의 중요성을 찾는다 하겠다.

형이상시학에서 중요시하는 특징을 요약하면 다음과 같다. 첫째는 양극화이며, 둘째는 컨시트(conceit)이며, 마지막은 통징(痛懲)이다.

양극화란 이미지의 동원이 서로 거리가 먼 반대의 위치로 배열하는 것으로 여기서 엘리엇이 말하는 통합적 감수성을 요구하게 된다. 통합적 감수성이란 서로 상충되거나 충돌되는 정서적 이미지나 관념의 성격을 서로 양극에 두는 것으로 낯설게 만들기나 원관념과 보조관념의 서로 다

---

10) 상게서. p.23.

른 배치로 전경화를 만드는 것과 동의어가 된다. 이 양극화의 이미지로 인해 서로 먼 거리에서 잡아당기는 힘인 통합적 감수성이 필요하게 마련이다. 테이트가 말하는 이 정서적인 힘에서 감성의 긴장을 만드는데, 이것이 소위 자유시에서 말하는 내재율이다. 두 양극화를 이룸으로 긴장된 상상을 통해 하나로 묶어내는 창의성을 통해 감정의 음률이 생긴다. 이런 심리 현상을 엘리엇은 폭력적 결합이라는 용어로 말하고 있다.

관념이 형상을 가지는 것과 역으로 형상을 가진 사물을 통해 관념의 세계를 감각하는 것을 철학 용어에서 형이하학을 통한 형이상학의 드러냄(표현)이라 하는 말로 메타피지컬(metaphysical)이라 한다. 이 말이 무한한 상반된 거리를 가지고 있는 피지컬(physical)을 메타(meta)했다는 합성어의 어원처럼 형이상시학에서 수사법이란 형이상학적인 내용에 강조점이 아닌 것을 먼저 이해할 필요가 있다. 그 말은 내용 이전에 방법론적인 견해를 정의한 언어의 의미다.

이 양극화라는 극성을 이용하는 현대시의 원리는 사회적인 복잡성에서 기인한다. 현대사회가 가지는 사회적이며 정신적인 대립성과 분열성에서 갈등과 충돌을 이룰 수밖에 없는 것이 모더니즘의 사회상이었기 때문이다. 문학 안에서 이런 분열과 대립을 치유하거나 극복하는 방법론의 하나로 통합을 요구하게 된 것이다. 이것은 인간 사회 모든 분야, 정치나 사회의 난맥상에서 쉽게 나타난다. 인간관계에서도 마찬가지로 갈등을 치유하기 위한 시대적 요청을 문학이 감당하기 위해서는 당연한 방법으로 통합시나 포괄시의 정신이 자연히 발생하게 된다.

이것은 역사적인 산물이다. 인간은 존재론적인 단독이면서 동시에 사회적으로 공동으로 묶인 존재다. 그래서 사르트르는 인간을 즉자적인 동시에 대자적인 존재로 파악하여 상호 보완적인 위치에서 살핌으로 완벽한 해석을 도모하려 했다.

이런 양극화의 심화 현상은 역사적 산물이다. 중세시대까지는 신과의 관계로 세계관이나 역사관이 획일화 되었지만, 인문주의의 발달로 종교개혁을 거치면서 신대륙의 발견과 함께 중상 제도의 탄생으로 봉건사회의 몰락을 가지고 온다. 단적인 예는 불란서 혁명이나 러시아의 혁명을 그 예로 들 수 있다. 동시에 우주 중심을 신에게서 인간으로 치환하려한 역사의 과정인 인간 중심의 감성이 중심을 이룬 낭만주의가 모더니즘에서는 인간 이성의 위치로 다시 중심자리를 바꾸어준다. 그러나 세계 1차 대전을 통한 이성의 한계를 경험한 인류는 과학적인 사고인 실증주의와 경험주의가 인간의 중요한 세계관으로 확립하게 된다. 이때 인간은 사회적인 계급화 의식과 사회적인 단절로 존재론적 소외로 절망에서 온 존재자체에 대한 불안 등을 겪는다. 20세기는 자연스럽게 상반된 주장과 충돌을 통하여 실존 의식이 중대한 고비를 맞게 된다. 인간 사회가 단순성에서 복잡성으로 구성되게 되었다.

인권의 신장은 자기 존재에 대한 새로운 각성을 가지게 되며 자기 존재에 대한 심각한 질문에서 획일된 중세시대의 사고는 인간과 신의 위치만큼이나 양극화를 이루게 되어 이를 통합할 필요가 생겼다. 즉 역사적인 인식론에서 양극화된 사회와 사고의 다양함이 통일을 이루게 하는 것이 형이상시에서도 수사학적으로 동일하게 될 수밖에 없었다. 엘리엇의 『황무지』가 대표적으로 세기말적인 현상을 말해주고 있음에서 그런 주장이 더욱 분명한 설득력을 가진다.

양극화란 시인이 통합을 이루기 위한 의도된 방법이지만 그 배경에는 역사적 현상이 있음을 무시할 수 없다. 앞서 말한 세계화 된 시대에 불안한 양극화를 통합시킴으로 정서적인 안정을 가지려 하는 기전을 '통합적 감수성'이라 한다. 통합이란 말은 분리를 전제하는 의미를 가지고 있다.

이 통합하는 기전에서 남다른 창조적 상상력을 동원하는 능력을 요구하게 된다. 이런 통합을 만드는 창조적인 능력을 창의성이라 하는데 이것은 형이상학적 이론으로 통합적 감수성이라는 능력으로 정의한다. 이

힘은 컨시트(conceit)라는 언어의 창조적인 착상을 말한다. 기발한 착상이라는 의미에서 기상(奇想)이라는 말로 번역되기도 한다. 그러나 이 말의 진정한 의미는 단순한 기발성을 말하는 것이 아니다. 앞서 말한 바와 같이 수사학적으로 양극화를 이룬 원인적(遠因的) 비유를 이끌어내는 내면적인 힘, 즉 정신적인 작용을 말하는 것이다. 비유의 힘이 바로 그것이며, 존재를 시적으로 구성하는 능력인 통합적이며 종합적인 비유를 창조하는 능력을 컨시트의 정의라고 말할 수 있다. 시가 단순히 언어의 음성을 통한 진술에서 진보하여 음성기호로 사고의 힘을 만들어 주는 힘을 현대시에서 중요시한다. 그래서 당연히 이 컨시트는 감명을 이루는 수사학적인 방법론이다. 양극화는 이 컨시트를 만드는 사전 작업이라고 할 수 있다.

통징이란 문학에서 노리는 목적론 중 하나다. 즉 시가 인간의 마음 안에서 새로운 깨달음을 통해 자각하고 개선하는 목적이다. 형이상시에서 중요한 특징인 이것은 인간의 작태나 오류의 세태를 지적하는 풍자시에서는 가장 강조되는 부분이다. 인간 자체나 구성 사회의 진단과 함께 치유를 이루려는 시인의 의도와 목적이 바로 그 기전을 통해 이루어지기 때문이다. 바로 그 점에서, 풍자를 의도하는 시에서는 많은 경우가 아이러니나 역설을 통해 그 것을 이루려 한다. 컨시트의 언어유희나 펀(fun)도 같은 범주의 방법론이다. 그런 면을 보면 풍자는 그리스의 연극에서 많이 보는 기법으로 긴 역사를 가진 문학방법론이다.

3. 『동굴 일지』에 나타난 표현 양식의 실제

3-1) 시집 제목에 나타난 수사학 방법론

시집 제목을 『동굴 일지』라고 한 이유와 의미를 먼저 살피고자 한다. 동굴은 자연적으로 생긴 장소로 곧 인공물이 아니다. 사람의 주거는 모두 인간이 의도하여 만든 문화 양식이지만 동굴은 자연이 만든 공간이거나 문명의 기능이 존재하지 않는 장소를 말한다.

시인은 동굴에 있지만 오히려 바깥세상 즉 인간세상을 자연인의 모습으로 언어를 통해 기록(언어 사용)한다는 의미다. 외적인 세상과 시인의 장소가 확실히 구분되는 양극화의 모습을 이루고 있음이다.

동굴의 의미를 몇 편의 작품 중에서 살피면서 시집 제목부터 어떻게 양극화와 컨시트나 위트를 가지고 통징의 과정을 가지게 하는가를 보고자한다.

제목이란 대부분 적어도 전체 내용을 아우르는 말이나 의미를 대표할 수 있는 작품명을 사용한다. 여기서 동굴 일지는 연작시 형태의 단일 제목이기에 더욱 그 언어가 가지는 의미가 남다르다 하겠다.

우선 전 5권으로 구성된 시집 중 마지막 다섯권 째인『동굴 일지 · V』의 후반부에 나타난 작품(작품번호 #478, #479, #480. #481, #485, #486, #492, #493, #496) 중에서 동굴 일지의 전반적인 자술적 의미를 찾고자 한다.

> 눅눅한 습과 퀴퀴한 곰팡내에도 성한 코 탓하지 않는
> 냉 · 난방 시설 없이도 여름 · 겨울 탓 없이 나며 안분지족 지키는
> 동굴은 나의 성, 나는 시방 펜 끝 칼날로 세워 성을 지키는 성주다
>
> —「동굴 일지·478」전문

이곳에서 화자 자신은 성을 지키는 성주다. 첫 행의 환경과 두 번째 행에서 볼 수 있듯이 세월을 초월하여 안분지족을 지키는 방어적인 성주를 말한다. 공격적이지 않다. 원래 풍자란 남에게 언어로 징벌하는 것을 목적으로 하는데 공격적이지 않는다는 것은 무얼 말하는 태도일까. 그러나 펜 끝 칼날이란 말에서 그 공격이란 무력이 아닌 문필로의 공격이다.

이 공격에서 파괴된 인간 사회를 칼날로 '세워' 보호하는 성주라는 책임 의식을 보여주고 있다. 다분히 방어 속에서 공격의 발톱을 숨긴 양극화 의식을 보여주려 함이다. 드러난 언어와 숨겨진 의식 이것은 은유이며 암시성을 통한 이미지의 중요한 기능이다.

다음 작품은 동일한 이미지가 더욱 드러난다.

> 동굴 안엔 겹겹으로 나선형 거미줄이 둘러쳐져 있다
> 이마에 굴을 파고 사는 왕거미 한 마리
> 종일 생각을 뽑아다 집을 짓고 걸려들 한 편의 시를 기다린다
>
> —「동굴 일지·479」 전문

거미란 행동으로는 기다림이지만 의식은 걸려드는 기회를 기다리는 은폐성의 공격을 감추고 있는 곤충이다. 시인은 이런 방어 속에 공격을 숨겨둔 시의 기능을 알고 있다. 이 시는 풍자시를 말하는 것으로 그 풍자하려는 대상을 온 감각을 동원하여 사전 준비한 의식을 '나선형'이라는 언어를 통해 화자의 의식을 시각화 시키고 있다. 의도적인 기획물로 시를 만들고자 하는 현대시의 기본에 충실한 시인의 시작법을 보여 주고 있다. 더욱이 '종일'이라는 말은 단순한 순간적인 착상이 아닌 삶 속에 나타난 치열성을 보여주는 것이다. '왕거미'라는 말도 전 편에서 말한 '성주'의식으로 시를 통한 사회의 바로 세우기를 사명으로 가진 엘리트 의식이다. 미미한 곤충을 통해 시인의 고귀한 사명감을 이미지화 함이다. 곤충과 엘리트의식은 미미함과 고귀함의 상대적 존재로 형이상시학파 이후 현대시의 주류를 이루고 있는 수사학중 특징인 양극화 작업이다.

이때 걸려드는 생물은 아픔이며 죽음이다. 이 죽음과 아픔은 독자 의식과 동일화 의식을 통해 내면 의식 속에서 문학적 엄징의 기전을 밟게 된다. 이것이 '순수한 통징'이다. '이마에 굴'이라는 말은 의식과 무의식

을 구분하지 않은 전인격적인 심리를 말한다.

이런 의식은 「동굴 일지·489」의 마지막 행에서 더 선명하게 나타난다. '가장 짐승스런 것이 가장 본능적이고/가장 본능적인 것이/ 가장 순수하다'는 눈길 3행시를 보면 풍시조라는 새로운 시의 장르를 창작한 시인은 풍시조 시인이란 본능적이고 순수하다고 한다. 본능이란 천부적 심리의식으로 순수할 수 없다. 그러나 본능과 순수의 양극화 이미지를 대비함으로 새로운 착상(컨시트)을 만들어 내고 있다. 의도적으로 거리가 먼 것을 대비시켜 이 둘 사이를 잡아매는 과정이 바로 기발한 창조적 착상이다. 이처럼 양극화작업은 자연히 컨시트를 만들게 된다.

동굴지기는 시인 자신을 말한다. 특히 풍시조를 만드는 시인을 정의하기를 「동굴 일지·483」)에서 숲에 갇힌 囚人, 동굴지기 守人, 성지기 成人 언어를 사냥하는 狩人으로 다양한 이미지로 정의한다. 囚人은 부자유하고 狩人은 자유인이다. 囚人은 갇힌 자이고 守人은 지키는 자로 둘 사이는 정반대의 신분을 통해 양극화를 이루어 진술하는 것이 바로 기상(컨시트)을 창조하려는 '의도된 기획물'이라는 현대시 정의에 충실하게 부합하고 있다.

시인은 「동굴 일지·484」에서 말하기를 '언어의 뿌리로 자란 빽빽한 숲'에서 생각도, 말도 알며, 글도 쓸 줄 아는 늙고 순한 짐승 한 마리'라 한다. 짐승은 자연 사태의 순수함을 말함이지만 시인은 원시성과 문명성을 동시에 가진 이중성을 보여 줌으로 양극화 작업임을 암시하고 있다.

「동굴 일지·486」의 '육안 대신 마음으로 뜬 눈'이나, 「동굴 일지·495」의 '상대 없는' '왕따'도 동일한 양극화 의식을 말해줌이다.

이처럼 동굴이란 현실적으로는 지하실을 말하지만 모든 시인의 작업실은 동굴일 수밖에 없다. 그것은 자연을 파괴한 순수한 본능이 인류문명의 발달과 함께 파괴된 문화 양상을 비판하고자 하는 풍시조에서 동굴이 가지는 어둠의 의식과 21세기의 인간 세상의 노출된 빛의 세상의 오류를 양극화로 대비하여 컨시트를 구성하고 있다. 좁은 공간과 넓은 세상은 진리나 윤리의 순수와 무질서를 대비하여 호소하고 있다.

『동굴 일지』 5권의 서두에서 작품론을 각각 나눠 제시하고 있다. 편의상 여기서도 풍시조가 현대시의 수사학과 어떤 양식과 의미를 가지고 있는가를 그 차례대로 확인하기로 한다.

전 항에서 간략한 형이상시의 수사학 개요를 말한 바 있어 여기서는 작품 속에서 그 양태를 확인하고자 한다. 왜냐하면 형이상시법은 이렇게 써야 한다는 말보다는 이런 시가 형이상시법으로 만든 시라고 말해야기 때문이다. 형이상시학은 내용이 형이상적이라기보다는 수사학적 방법이 17세기의 형이상시학파에서 시작하여 20세기의 주류 시인들과 이론가들이 말한 바와 같은 체계를 보여주고 있기 때문이다. 즉 형이상시법은 시의 주제나 내용보다는 그런 시를 만든 창작기법 특히 수사학의 입장을 말하고 있음이다. 모든 시가 좋은 시가 되려면 거의 형이상시법의 수사학적 체계에서 벗어 날 수 없다는 것을 의미한다.

3-2) 양극화

우선 『동굴 일지· I 』에서는 형이상시법과 풍시조는 유사한 맥을 가진다고 진술하고 있다. 그 서문에 형이상시학과 양극화의 특성을 강조하고 있다. 첫걸음이 종점의 방향을 결정하듯, 이어져 나오는 컨시트나 펀이나 언어유희는 모두 양극화의 배치에서 생긴다는 것을 서둘러 말하고 있다. 이 말은 컨시트를 위해서 양극화가 필요하고, 양극화는 컨시트를 필연적으로 동반한다는 학문적 신뢰를 말하는 것이다. 결국 두 언어는 동일선상의 기전임을 포함하고 있다.

시각으로는 붉고, 촉각으론 매끄럽고, 미각으론 시고 달고

후각으론 향기론 사과 속엔 감각을 넘어서 존재하는 것이 있듯이
모든 사물의 배후에 가려진 비의의 발견자가 시인이란 사실
—「동굴 일지·4」 전문

시인을 정의하기를 '사물의 배후에 가려진 비의의 발견자'라는 것이다. 1~2 연에서 제시한 사물은 사과다. 이 사과는 오감각으로 감지할 수 있는 사물이지만 그 감각의 배후에 숨겨진 비의(秘意) 즉 숨겨진 의미(은유의 원관념)가 있음을 알고 그 사물에 관념이나 정서를 실으라는 창작론에 가까운 작품이다. 여기서 시는 이미지의 감각화라는 용어도 동원하고 있다. 그러나 중요한 것은 유사성이나 친숙성인 의미보다는 차이성과 비친숙성인 용도로 사물을 동원하라는 것이다. 이것은 양극화 기법의 기본적인 바탕을 가진 시론이다. '배후'라는 말에는 전경화라는 용어를 의식하여 사용된 말이다. '가려진'은 은폐된 비유 즉 은유를 말한다. 또한 '감각을 넘어서'라는 의미는 사물(physical)을 넘어(meta)라는 말로 박진환 시인이 사용한 형이상시(metaphysical poetry)이론을 요약한 작품이 된다.

그럼 이 작품은 왜 풍자시라 하는가. 그것은 현재 시를 만드는 시인의 오류를 교정 또는 시정하고자 하는 시문학계의 작품에 대한 풍자와 동시에 지적하는 기능이다. 시는 사물을 통한 비유(metaphor)가 생명이라는 뜻이다. 그런데 이 사물의 동원은 양극화를 가진 비의에 두어야 한다는 것을 지적하고 있다. 과연 그의 작품은 어떤가.

우울과 고독은 혈통이 다르다
다르면서 같은 건
죽음을 예비하는 병이라는 것, 그 병을 우리가 앓고 있다는 것
—「동굴 일지·10」 전문

우울과 고독은 근원은 다르지만 서로 상관관계를 가진 정신적인 문제로 인간의 죽음을 만든다는 것이다. 앞의 우울은 정신질환의 하나인 조울증이라는 한 부분이다. 그러나 고독은 상대로부터 생기는 존재에 대한 문제다. 키에르케고르가 말한 '죽음에 이른 병'인 고독은 존재에 대한 철학적 담론이며, 종교적 실존이며, 동시에 정서적 현상이다. 그러나 우울은 신체의 내분비계통의 질환으로 개인적인 문제다. 다른 말로 하면 우울은 육체적인 병이며, 고독은 실존 의식의 결여에서 오는 철학적인 담론이다. 그러나 둘 다 인간에게는 치명적인 결과를 가져오는 것이라는 것을 말하고 있다. 인간의 두 양면성을 육체적인 면과 정신적인 면을 전인격 안에서 통일시키려 사전에 상충되게 배치하는 작업이다. 이런 다르면서 같은 것으로 보이도록 하는 것이 바로 양극화 작업이다. 이 양극화로 진열된 둘 사이의 이미지를 결합하기 위해서 생기는 긴장을 통해 긴장미라는 시적 미학을 보여주고 있다.

한 편을 더 살펴본다.

폭력도 문제지만 자살도 문제인 학교
문제 있으면 답이 있기 마련인데, 답은 없고 문제만 있는 학교
답 얻어오라 학교에 보냈는데, 되레 문제만 안고 돌아오는 학생들
—「동굴 일지·66」 전문

여기서도 문제와 답이라는 서로 다른 다양한 관념을 통해 학교 교육의 난맥상을 지적하고 있다. 문제와 답은 하나의 조합이지만 각각은 별개의 위치인 양극화의 위치에 있는 것이다. 여기서 문제는 학교의 문제와 답을 서로 어깃장나게 말함으로 시적으로 펀(fun)을 만들고 있다. 이처럼 컨시트의 하나인 펀도 양극화를 통해 강렬하게 구성되는 것을 알게 해준다. 역설적으로 학문(學問)이란 답을 배우는 것이 아닌 문제를 배우는 것, 학

문(學問)이라는 진리를 은폐시켜 암시하고 있다. 즉 문(文)은 문(問)이라는 것을 역설적으로 내포하기도 한다. 물론 여기의 표피적인 문제의 의미는 질문(question)이 아닌 문제(problem)이다. 즉 영어의 서로 다른 의미가 우리말에서 혼용하여 사용하고 있음을 간파한 재치를 보여준다.

3-3) 컨시트

『동굴 일지·Ⅱ』의 서문에서 이 부분을 살필 필요가 있다.[11] 이곳에서 컨시트 시학 이론을 보여주고 있다. 따라서 컨시트에 관한 작품도 이 시집 안에서 우선적으로 살펴보기로 한다.

컨시트는 보통 기상(奇想)이라 번역되는데 이것은 문자가 지시하는 의미인 단순히 기발한 상상만을 말하는 것이 아니다. 기발성에 심원하고 창조적 상상력을 동시에 충족시켜야 한다. 이것은 양극화 작업의 시적 능력에서 기인하는 것으로 본다. 서로 대립되고 충돌되는 것을 결합시키는 것은 동떨어진 이미지를 결구력을 가지게 하는 능력이나 순발력을 말한다. 이 순간이라는 말은 마치 빛의 속성인 시적 광채를 말한다. 결구란 두 양극화를 치환이나 병치를 통해서 일어나는 것이다. 일반적인 항용의 위치에서 특수한 지적이면서 정신적인 것인 동시에 감각적인 능력인 것이다. 이것은 시적 기능의 기본이기에 컨시트의 존재는 시의 구성의 필수 조건이다.

한국 학교 교육 어쩌다 이 지경이 됐는지 개탄만 하지 말고
선생님들 양손에 분필과 매를 함께 들려줘봐
분필로는 정신을, 매로는 행동을 다스려 개탄 면하지
—「동굴 일지·108」 전문

11) 박진환. 『동굴 일지·Ⅱ』. 조선문학사. 2012. p.p.4~8.

교육계의 사회풍자와 비평의 작품이다. 분필과 매는 정신과 행동을 다스리는 사물로 비유하고 있다. 첫 행에서 학교 교육의 부정적인 면을 상기시킨다. 그러나 분필만 존재하는 교육 방법론에서 매라는 사물을 통해 행동적인 훈계와 다스리다는 말속에 은폐된 적극적 교육 방법론을 말하고 있다.

그리스 이후 이원론은 대부분 오류에 빠진다. 분필로 대변하는 지식교육에서, 매로 보여주는 행동을 교정시키는 교육론을 동시에 보여주고 있다. 정신과 몸은 양극이지만 동시에 전인격적인 면에서는 하나다. 분필과 매로 양극화 된 이미지가 각각 충돌성을 가지지만, 하나의 이미지로 다시 태어나게 하는 창의적 결구력이 바로 시의 기능인 것을 극명하게 보여주고 있다.

어머니가 물려주신 사랑이란 그 많은 유산
경영 미숙으로 가 탕진해버렸다
탕진할수록 불어나는 재산 불효
—「동굴 일지·150」 전문

이곳의 컨시트는 '탕진할수록 늘어나는 재산'이다. 일반적으로 탕진은 소멸의 의미다. 그러나 불효라는 것은 사랑이라는 덕목이 탕진하여 소진될수록 더 극대화되는 역설에 바탕을 두고 있다. 탕진과 늘어나는 성격의 사랑이라는 양극화 관념어를 통해 다시 새롭게 인식하여 각성하게 해준다. 이 각성은 곧 문학이 노리는 아픔이며, 아픔을 통해 스스로 자정하는 기능(카타르시스)을 체험하게 한다. 양극화를 통한 컨시트는 감성을 자극하는 힘을 극대화시키며, 이 힘이 사람의 의식을 교정하게 하는 순순한 통징을 유발하게 하는 것이다. 인간은 누구나 어머니의 사랑을 유산으로 가지고 있다. 유산이라는 말은 어머니의 죽음과 관계있는 말이다.

어머니에 대한 사랑을 통한 사모곡(思母曲)으로 인륜의 타락과 매정한 세태와 도시화를 통한 형제애의 결핍의 현대 사회의 모습을 보여주고 있음에서 사적인 통한이 아닌 사회 전반의 모순을 지적하고자 하는 작품이다.

역시 양극화의 전제에서 시작한 결구력이 컨시트다. 이 착상에서 가슴을 감명(感鳴)시키는 문학의 목적이 달성되는 것이다. 즉 양극화로 이루어진 기발성에서 새로운 각성을 가지게 된다. 이것이 순수한 통징이며, 양극화, 컨시트, 통징은 실은 하나의 테두리 안에 존재하는 이름만 다른 시의 동일한 모습이다. 양극화 자체에 목적이 있는 것이 아니다. 여기서 양극화란 컨시트를 위한 사전 작업임을 보여준다.

3-4) 위트와 펀

『동굴 일지·Ⅲ』의 서문에서 컨시트를 위트와 펀으로 구체적 설명을 하고 있다.12)

위트와 펀은 상반이나 상충의 양극성을 반전이나 역전시키거나, 이동 전환하여 상충의 요소들을 합일하는 결구력의 능력과 재치를 말한다. 특히 펀은 언어유희를 통해 이루어지는 것이 보편적이다. 동일음성이 이질 의미를 가지거나, 의성어나 의태어를 통해 상이한 이미지를 동원하는 것이나, 고사성어를 통해 새로운 각성을 전달하는 것이 가장 잘 사용하는 방법인데 특히 풍자시에서는 더욱 유용하게 사용하고 있다. 해학성이 두드러지기 때문이다.

견마지치 회수를 바라보는 세월에 머리는 흰데
정작 헹궈내지 못한 욕망의 때로 마음은 검기만 하니

12) 박진환. 『동굴 일지·Ⅲ』. 조선문학사. 2012. p.p.4~8.

날이불치란 옛분들 말씀에 얼굴만 붉히는구나

—「동굴 일지·222」 전문

헛되이 산 삶에 대한 겸손하게 자기비판을 한 작품이다. 첫 행의 치아색과 같은 머리칼의 흰색은 인간의 욕망의 검은색을 비교하여 흑백의 양극화를 통한 이미지의 대립을 의도적으로 설정하고 있다.

견마지치(犬馬之齒 짐승처럼 헛된 나이라는 겸손)와 날이불치(捏而不緇 검은색은 물이 들지 않는다)는 고사성어를 들어 인간 외모를 변하게 하는 세월로도 변하지 않는 인간 내면의 성품을 풍자하는 작품이다. 철학적이고 종교적인 담론으로 인간 본성을 풍자하고 있다.

대부분 언어유희에서는 단순한 음성치로 언어의 상관성의 비유를 들어 말하는 경우가 많다. 그런 경우 수준 있는 품격의 효과에 미치지 못하는 경우가 있다. 그러나 위와 같이 고사성어를 들어 말하면 그 의미를 다시 생각해야 하고 또한 수준 높은 지식을 통해 의미의 수준을 높이는데 매우 효과적이다. 여기서 고사성어를 통해 흰색과 검은색의 상반성인 양극화 이미지를 들어 제시된 내용의 충돌성을 이루게 하여 정서의 충격을 받는 기전을 동원하고 있는 것이다.

바다는 파도가 많아서 波多

물이란 물은 죄다 받아들이니까 받아

높이를 버리고 깊이로 사는 삶의 지혜를 바다에서 배운다

—「동굴 일지·238」 전문

이 작품은 바다(海)의 음을 이용하고 있다. 바다의 모습인 파도의 다양한 모양을 유시음역으로 시각화시키고 있다. 수많은 물결을 '파다(波多)'라는 한자의 조어를 빌어 언어유희를 시도하고 있다. 또한 바다는 모든

물을 받는다는 성격을 빌어 '받아'라는 언어로 바다의 포괄성의미를 치환하고 있다. 모두 펀을 위함이다.

마지막 행에서 앞의 두 행을 결구하여 새로운 논리를 제공하고 있다. 즉 바다의 물결을 세상파도를 비유로 들어 인격의 깊은 내면의 세계로 융화시키는 지혜를 바다로부터 배우자는 인생담론의 작품이다.

바다의 속성인 파도의 높이와 바다의 깊이를 말함은 이 시가 인간의 내면을 이동시켜 논리를 이끌기 위한 사전 배치임을 알게 한다. 역시 양극화를 통한 펀이다.

앞의 작품은 고사성어를 동원하였지만 이 시는 음역의 폭을 동원하여 언어유희로 새로운 의미망을 제시하는 품위 있는 위트와 펀을 보여주는 예다.

3-5) 순수한 통징

통징은 문학 목적론의 중요한 부분이다. 문학의 목적론은 크게 오락설(유희설)과 교훈설로 말한다. 풍자시는 이 둘을 동시에 가진다. 위트와 펀은 오락설에 가깝고 통징은 교훈설과 유사하다. 그러나 이 둘이 꼭 구분되는 것은 아니다. 단순한 악에 대한 분노나 증오가 아닌 개선과 교정에 그 목적을 두는 것이기도 하지만 그 과정은 오락설의 정신을 통해 수사학적으로 이루어지는 것을 부인하지 못한다. 『동굴 일지·Ⅳ』의 서문을 보면 이 통징은 풍자시의 생명이며 존재 이유다.[13] 부조리, 부정, 부패, 비리들의 악을 향해 문학의 비유를 통해 일차적으로 복수하려는 언어예술인 풍시조는 인간의 양심에 호소하여 인간정신의 부활을 도모하려는 예술방법론적 시도다.

---

13) 박진환. 『동굴 일지·Ⅳ』. 조선문학사. 2012. p.p.4~7

왜 날마다 비냐구요? 것도 모르셔
세상이 온통 非자 돌림 비난·비도·비리 비명·비법·비정·비핵
비자 들어갔다 하면 눈물나는 일 뿐, 그래서 悲悲悲 우는거여
—「동굴 일지·335」 전문

우리말 비를 한자어 비(雨)로 이동 치환하고 있다. 또한 부정의 접두어인 비(非)와 그것과 동음어인 비(悲)의 의미를 동원하여 슬픈 정서와 감성으로 사회현상을 인간 심리로 이동시키고 있다. 세상은 모순과 부정으로 非정상이기에 비는 자연마저 슬퍼하며 눈물을 흘린다는 편을 통한 인간 세상에 대한 통렬한 꾸지람을 유희적으로 말하고 있다. 이런 태도가 앞서 말한 순수한 통징이다. 박진환 시인은 이 통징에 대한 정의를 다음과 같이 작품화하고 있다.

싸워 이기고도 승리의 기쁨을 나누지 못한 승리는 이긴 것이 아니다
지고도 패자에게 희망을 버리지 않게 한 싸움은 진 것이 아니다
이기고 진 것도 아니면서 이긴 승리의 힘은 무기가 아닌 정신인 것을
—「동굴 일지·392」 전문

진정한 승리란 승자에겐 기쁨을 패자에겐 희망을 주는 것이 목적이라 한다. 이런 싸움은 무기로 싸우는 것이 아니다. 승자가 패자에 대한 복수도 아니다. 풍시조는 정신적인 싸움이어서 패자인 상대에게 희망의 길을 걷게 하는, 다른 말로 하면 교정의 길로 인도하는 언어예술이다. 또한 그것이 시인의 사명이고 의무인 것이다. 풍자시의 기능을 적절하게 보여주는 작품이다.

시인은 대상의 파멸을 추구는 것이 아니라 개선을 요구한다. 그 과정이 아픔이라는 기전을 통하지만 결국 모두의 승리를 만드는 기발한 싸움

이다.

이처럼 풍시조는 문학예술의 순수한 목적인 인간에 대한 교도를 위한 목적이 있음에서 일반 시와 더욱 강조하는 특징을 가진다.

4. 나가는 말

풍시조 시집 『동굴 일지』 5권은 동굴이라는 장소가 의미를 지시하는 원초적인 인간 본연과 순수 정신을 내포한 의식의 세계관으로 풍자와 해학을 통해 현대 인류의 문화를 밝혀 그 부정적인 면과 오류를 교정하기 위해 역사성을 가진 현대시의 창작 기법을 따른 새로운 양식의 이론과 작품을 보여주고 있다. 그 대상은 기성세대와 안드로이드 세대를 총망라하고 있으며, 국제 현실과 사회, 정치, 문단, 남북한 문제뿐아니라 종교와 인간의 내면세계, 그리고 시론을 포함한 창작론까지 두루 관심을 가지고 다루고 있다.

박진환 시인은 수사법을 현대시 수사법의 학문적 태두인 형이상시학에서 발전시켜 사용하고 있음을 이론과 함께 500편의 작품을 보여주며 밝히고 있다.

현대시의 수사학의 창작방법론이란 논리의 기저에는 형이상시학파에서부터 계승한 현대시의 주류의 작품론을 통해 나타난 특징적인 수사학을 사용하고 있음이다. 그것은 양극화와 컨시트, 통징으로 간략할 수 있다. 그중에서 위트와 펀이라는 방법론을 강조하였다.

양극화를 통한 컨시트를 만들고, 그 내용은 국제, 사회, 정치 ,심지어 인간 내면의 모순과 부조리까지 다양한 주제를 다루고 있다. 또한 시의 정의나 시인의 자세까지 작품화했다.

양극화를 통한 컨시트는 통합적 감수성을 필연적으로 요구되는 것이다. 이 감수성은 서로 다른 위치의 상충을 하나로 묶는 결구력에서 기인

한다. 그것은 마치 생명은 죽음과 동시에 탄생하는 것이나, 동전이 다른 면을 가지고 있으나 상이한 두 면이 보여주는 가치는 동일한 것과 같다.

단순한 이미지의 양극화에 그친 것이 아니라 시조와 같이 앞의 두 행의 서로 다른 논리와 마지막 행에서의 반전은 시학적 논리를 확고하게 해준다.

3행이라는 짧은 표현법은 통징을 위한 촌철살인의 순간적 직관을 통해 아픔을 가지게 하려는 목적을 가진다. 이것도 통합적 감수성을 통해 시적 대상의 교정이라는 목적을 위하여 의도적으로 배치한 것이다

풍자의 대상은 곧 통징을 주려는 그 대상이다. 그것은 날 센 칼과 같은 기능으로 언어를 효과적으로 대체한 방법이다. 이것이 자아와 연결할 때는 인간 존재론적인 담론을 담아내는데도 더욱 효과적인 것을 알 수 있다. 물론 「동굴 일지·339」 처럼 일반 서정시 창작론에서 볼 때도 풍시조가 추구하는 수사학적인 면에서는 전혀 다름이 없음을 보여주고 있다.

현대시의 하나인 풍시조의 문학사 위치를 구체적으로 파악하는 것은 중요한 의미를 가진다.

우선 문예사조의 개론적인 모습을 볼 때 풍시조 내용이 세태풍자이기에 이태리 미래파의 모습을 일부 가지고 있음은 당연하다.[14] 또한 마치 표현양식에서 입체파인 아폴리네르나 쟈콥이나 콕토가 다시 고전주의에 접근하고 있듯이[15], 현 시문학계가 포스트모더니즘의 한계를 초월하려는 방법론에서 새로운 출구를 시도하려는 목적임이 분명하다.

박진환 시인이 형이상시법과 맥을 같이 한다는 주장에서 보면 그것은 모더니즘의 기본과 방향에 서있음을 알게 한다. 왜냐면 풍시조는 현대시의 근저가 되는 형이상학파의 수사학 이론의 역사성 위에 세웠기 때문이다.

14) 문덕수,황송문. 『문예사조사』. 국학자료원. 1997. p. 212.
15) 상게서, p.p. 227~232.

물론 표현양식의 역사성이란 아리스토텔레스까지 올라갈 수 있다. 『시학』에서 보면 문학비평이란 문학 작품을 이루는 전체와 부분의 조직적 관계에서 찾으려 했다. 전체란 역으로 말하면 구성성분들이 존재한다는 의미다. 그 구성을 밝히는 것이 형식주의다. 역시 현대를 시작하는 칸트, 코올리지 등도 넓은 의미의 형식주의 문학관을 가지고 있었다. 더군다나 리처즈, 엘리엇, 파운드 등은 그것을 더욱 전개하여 이론의 구체적인 확립과 실제를 작품으로 보여주었다. 야콥슨이 프라하에 망명하던 시기에 활발히 전개하던 소쉬르의 영향을 받은 러시아의 형식주의는 미국의 신비평으로 발전되었다. 쉬클로프스키의 소위 '낯설게 하기'도 결론적으로는 작품을 기교의 집합으로 보려 함이다. 또한 신비평의 근원은 러시아의 형식주의의 영향이었으나 그것을 현대문학사에 주도한 사람들은 엘리엇이나 부룩스 등이다. 그들에 의해서 작품 속의 언어, 구성, 상징 등이 비평의 주된 대상이 되었다. 이와 같이 현대시의 주류를 이룬 시인들은 풍시조의 문학관과 같음을 알 수 있다. 왜냐면 풍시조가 형이상시학파의 양극화나 컨시트나 통징이라는 용어로 분석과 평가가 가능하며, 그 이론에 바탕을 두고 창작하려 함을 볼 때 형식주의 문학(시학)관이 가지는 역사성을 기저에 두었다고 말할 수 있기 때문이다. 그런 점에서 양극화, 컨시트의 위트나 펀, 통징 등의 표현양식과 방법론은 긴 역사성을 가진 문학의 주류가 가진 수사법이다.

이런 현대시 역사적 흐름을 살피는 것은 풍시조가 문학사적으로 중요한 의미와 위치, 자리매김을 가지는 근거가 된다는 것을 다시 강조할 필요가 있기 때문이다. 이번 『동굴 일지』는 그것을 극명하게 재확인시키고 있다.

성찬경 시집

『바스락 바스락 작업을 한다』

2009년에 상재한 '1자 시집' 『해』가 성찬경의 밀핵시론(密核詩論)의 궁극적 종결이라면 이번에 나오는 '소네트 시집' 『바스락 바스락 작업을 한다』는 말하자면 밀핵시론의 수련편(修鍊編)이라 할만하다.

밀핵시론의 전개에 의해서 현대 한국시의 시어는 그 의미의 밀도와 탄력도(彈力度)의 수치가 굉장히 높아졌을 것이다. 이에 대한 구체적인 평가는 현대 한국시의 시사가(詩史家)들이 할 일이다.

密核詩論의 詩的 실제화

이 시집은 나의 열 번째 시집이다. 이 시집도 근래에 상재한 나의 딴 시집과 마찬가지로 여러분의 정성어린 도움을 받았다.

아무도 대신할 수 없는 깊은 시 읽기로 평설을 쓰신 외우(畏友) 박희진 시인, 조건 없이 출판을 맡아준 이지엽 시인, 시고를 전부 다시 타자한 아내 이명환 씨, 면밀히 마무리 교정을 본 설태수 시인, 시집의 디자인을 맡아준 며느리 이수경, 출판의 모든 절차를 보살펴준 김남규 시인, 이분들에게 마음으로부터 깊은 감사를 드린다.

여기에 모은 시는 대개 최근 5, 6년 동안에 쓴 시다. 시가 거의 예외 없이 '소네트' 곧 14행 정형시이기 때문에 '소네트 시집'이라고 못 박았다. 한자리에 모은다는 뜻에서 쓴지 오래된 소네트도 여기에 다시 수록했다. 그리고 보니 내가 소네트 형식을 시도해본지도 오래됐다. 처음 이 시형을 시도해본 것은 1965년에 쓴 「보내는 약혼반지에 부침」과 「보내온 약혼반지에 부침」 두 편의 시다. 「미묘한 동기에서」(1997), 「삼계에 뚫린」(1998)의 시도 꽤 오래 됐으며, 이전에 나온 시집 『논 위를 달리는 두 대의 그림자 버스』(2005)에 이미 수록된 바 있다.

행수가 14행에서 한두 행 많거나 적거나 한 시도 약간 변형된 14행시로 간주하며 여기에 넣었다. 「요소시」, 「유리와 병」 따위가 그런 보기다. 다만 「추기경님 기억에서 피어오르는 사랑의 영가」는 21행으로 소네트 형식에서는 벗어나지만, 같은 주제의 시를 모은다는 뜻에서 여기에 넣었다.

시를 쓴 시기를 알 수 있는 시는 시의 끝에 그것을 밝혔다. 시의 자료적(資料的) 의미를 생각해서인데 지금에 와서 시기를 알 수 없는 시는 하는 수 없이 밝히지 못한 채 그대로 두었다.

시의 배열에서 특별한 기준 같은 것은 없고, 다만 연상적(聯想的)으로 주제가 주제를 불렀다할 정도이기 때문에 무작위(無作爲)로 시를 배열했다고 할 수밖에 없다.

여기에서 내가 강조하고 싶은 것은 소네트시 모음인 이 시집도 2010년에 나온 나의 1자(字)시집 『해』와 마찬가지로 평생을 통해 내가 추구해온 밀핵시론(密核時論)과 필연적인 인과관계에 있다는 점이다.

「밀핵시론」 하면 지금까지 내가 기회 있을 때마다 설명을 해왔기 때문에 여기에 서 다시 상세히 설명할 필요는 없겠지만, 이 시론의 요지를 간략하게 되풀이해본다면, 「밀핵시」 란 한정된 시에 되도록 많은 의미를 담아 가능한 한 '의미의 밀도'를 높이려는 시를 말한다.

시에서 물리적(物理的)으로 의미의 밀도를 크게 하는 방법이 있으니, 그것은 시의 글자 수를 줄이는 방법이다. 같은 만큼의 의미를 담는다면 의미의 밀도는 시의 글자의 수에 반비례 한다. 이론상으로는 시의 글자가 1일 때 시의 의미의 밀도는 최대치가 된다. 이러한 수리적인 이치에 따라 밀핵시 실험을 끝까지 밀고 간 것이 앞서 말한 '1자시' 모음 시집인 『해』 이다.

'소네트' 형식으로 시를 쓰는 일은 「밀핵시론」 을 추구한다는 점에서는 「1자시」 도 「'소네트」 도 다를 바가 없지만, 다만 '1자시'는 실험적인 뜻이 두드러진 반면에 '소네트'는 밀핵시론적 수련(修練)의 뜻이 짙다.

나의 밀핵적 실험은 '1자시집'으로 끝났지만 나의 밀핵시의 연습과 수련은 끝난 것이 아니다. 원래 수련과 연습이란 본질적으로, 지속하면 지속할수록 좋은 것이다. 그렇기는 하나, 나는 이 시집으로 이제 밀핵적 시 쓰기의 연습도 어느 정도는 되었다는 느낌을 받는다.

박희진 시인이 시집 평설에서 자세히 설명했듯이 우리말을 가지고서 '소네트'형식으로 시를 쓰는 경우 제일 먼저 받게 되는 제약이 14행이라는 시행(詩行)의 제한이다. 14행을 넘지 않는다는 약속을 스스로 한 이상이 약속 곧 규칙을 깨서는 안된다. 어떻게 하든 간에 『3국지』의 내용 전부라 하더라도 14행 안에 때려 넣어야 한다. 선택, 압축 ,겸용(兼用), 다의적(多義的) 융합(融合), 시적 기상(奇想, conceit), '아이러니', 역설(paradox), 펀(pun), 두운(頭韻), 압운(押韻)같은 운율(韻律)의 효과 등 시가 할 수 있는 모든 기교적 궁리를 총동원하게 되고, 이것이 밀핵적 효과를 상승시킨다. 연습으로 얼마나 좋은 방법인가.

14행이 되도록 행수(行數)가 다른 연(聯)을 조합하는데도 다양한 변화가 있을 수 있다. 가령 2×7의 14행, 4×2+3x2의 14행, 또는 3×2+4×2의 14행 등 다양한 변화가 있을 수 있다. 그런데, 영어의 'quatrain'에 해당하는 '4행연'은 동양의 절구(絶句)에 해당되며, 이태리어의 'terzarima'에 해당하는 '3행연'은 초, 중, 종 3장의 시조(時調)의 구조와 같고, 'couplet'에 해당하는 '2행연'도 동양에서 흔히 볼 수 있는 대구 (對句)와 같다.

그리고 보면 '소네트' 시를 쓰는 것은, 내가 처음부터 예측했던 것은 아니지만, 동시에 밀핵시론적 추구와 우리 전통적 시형식의 연습을 겸하는 것이 되므로 이 점도의 시 쓰는 즐거움이었다.

이렇게 해서 자연적으로 내가 제일 익숙해진 연구분(聯句分)은 4433의 형식 곧 8행(octave)과 6행(sester)의 조합으로 낙착되었다.

이 시집의 전체적인 주제의 흐름을 개관해보면 이것 역시 박희진 시인의 지적대로 '존재와 삶의 신비'라 할 수가 있겠다.

나는 시를 쓸 때 늘 내가 쓰는 시와 우리 시사(詩史)와의 관련성을 염두에 두어왔다. 이 시집도 예외는 아니다. 이 시집으로 우리 시사의 그물이 미동쯤은 하지 않을까, 하는 기대와 설렘도 없는 것은 아니다. 그러나 반향(反響)이 어떠할지는 역시 두고 볼 일이다.

2012년 봄에서
淸襟樓 主人 씀

가방 외 4편

성 찬 경

선물로 받은 까망 가죽 가방이다.
이 가방의 신기한 용량에 어리둥절해진다.
큼직한 책 네댓 권 세면도구 파자마 그 밖의 잡동사니를
다 뭉뚱그려 넣고도 아담하고 깡똥하다.

뿐만인가. 이 가방에는
늘어나는 비밀 칸이 여기저기 있다.
은밀한 연애편지 안 들키게 숨기는 벽장도 있고
기적의 바람 여의주 따위 넣는 지갑도 마련돼 있다.

산더미만한 마음의 구름도 쑤셔 넣고
남의 허물 용케 용서하는 큰 아량을 압축해서 쟁이는
코지 코너도 있다.

세상에 그런 가방도 있는가.
바로 여기에 있다.
사랑의 가방이다.

바스락 바스락 작업을 한다

제일 좋은 때는
아직 오지 않았다.
(로버트 브라우닝)

주문인지 신음인지 알 수 없는 소리를 흥얼거리며
바스락 바스락 작업을 한다.
단박에 걸작이 나오나.
바스락 바스락 작업을 한다.

밥 먹다가도
글자 몇자 끄적끄적 끄적이기도 하고
잠자다가도 생각만 나면
신문지를 가위질하여 스크랩북을 채워나간다.

바스락바스락 작업하는 재미는
내가 지금까지 발견해 온 재미중에서
단연 으뜸가는 재미다.

80대를 내 인생 최고의 황금기가 되게 하는
마지막 남은 나의 전략이 이것이다.
바스락 바스락 작업을 한다.

아가페 칵테일

'아가페는 모든 것을 소멸시킨다.'
파울로 코엘료의 소설에서 만난 이 말이 크나큰 불기둥으로 솟아올라
남을 원망하는 내 마음의 앙금을 깨끗이 녹여버린다.
언령(言靈)의 효험을 무섭게 실감하는 순간이다.

'남이 나다' 하고 다시 한 번 버릇처럼 중얼거린다.
이미 다 풀린 근육으로
저 험준한 아가페의 문맥(文脈)에 오를 수는 없고
다만 꼭대기 만년설에 외경의 시선을 보낸다.

이 모두 마음의 일일진대 능소능대하지 않고 어찌 마음이랴.
천체만한 아가페 덩이를 확 줄여
예쁜 a 활자만한 크기의 환약을 조제한다.

이런 저런 상황의 부스러기로
조미(調味)하는 일상의 칵테일에
향료 삼아 아가페 환약 한 알 떨어뜨린다.

상상

상상은 자유다. 무제한이다. 일순이다.
상상은 생각이 노는 모습이다.
상상은 현실의 충실한 길잡이다.
상상은 실재를 이탈할 수가 없다.

연습 삼아 가볍게 상상을 날려보자.
만약에 이 우주가 어느 대인의 불알 구석
세포 하나쯤이라면 그 대인의 몸집은 얼마나 큰가.
그 대인이 사실은 더 큰 대인의 불알 세포 하나라면?

이와 같이 상상 앞에선 극대가 극미요 극미가 극대다.
그러나 상상의 기능이 아무리 고성능이라 해도 현실은 못 넘는다.
모든 거짓말을 다 품어 참말이 되게 하는 것이 현실 아닌가.

날아라 상상 손오공처럼.
아무리 날아가도 큰 손바닥 울안일세.
실화의 교묘한 골목을 누빌 뿐일세.

연장

예쁜 연장을 보면 나는 사고 싶은 충동을 도저히 못 이긴다.
이미 사들인 연장이 수북하다.
그 중에는 가끔 사용하는 연장도 있고
아직 한 번도 써보지 못한 연장도 있다.

연장은 미쁘다. 내 몸에 밀착된
연장은 나의 신경과 근육의 연장(延長)이다.
연장에도 각각 저마다의 품성과 근성이 있다.
연장은 실용에서 미에서 기적을 생산하고 숨는다.

깎고 토막 내고 때리고 박고 할 땐 속이 후련하다.
연장 앞에서 물렁해진 강철판을 빵 뚫으면 기분 좋다.
실은 인간도 연장이다. 전쟁터에서 인간 연장은 필수품이다.

심장은 사랑의 연장이다.
인간을 연장으로 부리는 비밀스런 장단에 따라
우리는 어디론가 멀리 날아가고 있다.

킬리만자로의 만년설 속, 그 표범의 美學

조 신 권(연세대 명예교수)

서설

8월의 폭염이 기승을 부리던 중순 무렵 『형이상시학』 5호 편집회의를 겸한 석찬 자리에서 박진환 시인께서 나에게 성찬경 시인의 소네트 시집 『바스락 바스락 작업을 한다』를 받았느냐고 물었다. 얼마 전에 받았다고 했더니 시집 평설을 써주었으면 한다는 은근한 부탁이었다. 그래서 집으로 돌아와 그 다음날부터 제목과 박희진 시인의 평설을 비롯해서, 목차와 153편의 시, 그리고 저자후기와 연보까지 한자 빼놓지 않고 깡그리 읽어 보았다. 참으로 원숙한 시들이었는데, 이 원숙한 시의 평설에 걸맞는 제목이 떠오르지 않아 심사숙고하며 궁구하던 차, 한 순간에 안개가 걷히자 떠오르는 태양처럼 그 제목이 평설의 지평선 위로 환하게 떠올랐다. 그것이 바로 "킬리만자로의 만년설(萬年雪)속, 그 표범의 미학"이었다. 이 제목은 섬광과도 같은 영감으로써 이루어진 것이다.

이는 20세기 미국을 대표하는 소설가 어니스트 밀러 헤밍웨이(Ernest Miller Hemingway, 1899~1961)가 쓴 중년기의 소설 『킬리만자로의 눈』(The Snow of Kilimanjaro)이라는 마사이의 전설을 소설화 한 작품에서 차용한 인유다. 이 작품의 모두 부분은 다음과 같은 인상적인 말로 시작된다. "킬리만자로는 높이 1만9710피트의 눈 덮인 산으로서 아프리카

대륙에서는 가장 높은 산이라고 한다. 그 서쪽 봉우리는 마사이어로 '신의 집' '느가이에 느가에'라고 불린다. 이 서쪽 봉우리 가까이에 말라 얼어버린 한 마리 표범의 시체가 놓여 있다는 것이다. 도대체 이런 높은 곳에서 표범은 무엇을 찾고 있었던 것인지를 아무도 설명해 주는 사람이 없다고 한다."

또한 이 작품에는 가슴 찡하게 하는 다음과 같은 구절들이 있다. "킬리만자로의 표범은 평지에서도 먹잇감을 쉽게 구할 수 있었으나 견디기 어려운 상황에서의 도전과 인내심을 선택하였다." "표범에게는 꿈과 야망이 있었고 이를 실현하기 위한 노력을 영광으로 생각하였다." 킬리만자로의 표범은 하이에나나 다른 표범들이 가는 길을 선택하지 않았다는 것이다. 하이에나는 표범과 같은 육식동물이지만 그 높은 산의 언저리에서 짐승의 썩은 고기를 찾아다니는 것으로 만족하고 삶을 거기서 마감한다고 한다. 그러나 이 표범은 사람도 잘 올라가지 못하는 킬리만자로에 도전했고, 그 정상과 부닥치며 오름에 닥치는 어려움과 고통 및 외로움에 지혜롭게 도전하며 결국 정상에 이르게 되는 것이다. 물론 거기서 그 표범은 얼어 말라 죽었다. 우리가 죽으면 아무 소용도 없지 않느냐라는 말을 많이 한다. 그러나 죽지 않고 살아서 썩은 고기나 찾아 헤매는 하이에나 같은 존재가 되어 부패의 구덩이에 우리의 영혼을 묻고 사는 것보다는 훨씬 더 훌륭하고 가치 있는 일이 아니겠는가?

우리 민족이 그렇듯이 우리도 역사의 무대에서 목맨 송아지처럼 쫓기면서 고난과 시련의 험준한 가시밭길을 걸어왔다. 성찬경 시인은 이런 역사적 시련과 실존적 아픔의 와중에서도 자기가 선택한 길을 만난을 무릅쓰고 오르고 또 오르는 불굴의 정신을 가지고 시사(詩史)의 정상고지 곧 '만년설의 꼭대기'를 바라보며 일보일보 천천히 오르고 또 오르고 있다. 이런 염원을 시인은 「아가페 칵테일」이라는 시의 2연에서 이렇게 노래했다. '남이 나다'하고 다시 한 번 버릇처럼 중얼거린다./이미 다 풀린 근육으로/저 험준한 아가페의 문맥(文脈)에 오를 수는 없고/다만 꼭대기 만년설에 외경의 시선을 보낸다.' 만년설에 외경의 시선을 보내며 시인은 여전히 '높게 높게 더 높게/공기가 희박하여 숨도 못 쉴 만큼 높게/높음을 좇는 마음을 허영이라 헐뜯지 마라./우러르며 고개 숙여 찬미하고픔이니 오히려 겸허다.'(히말라야 5제중 1. 높음과 염원의 1연)라고 그 염원의 목적이 스스로 높아지고자 하는 '허영'이 아니라 '지극히 높은 자'를 찬미하고자 하는 '겸허'라고 힘주어 말하고 있다.

시인은 문맥의 정상에 높이 오르고 싶은 염원을 늘 해오고 있는 것이 틀림이 없다. 여기서 그 문맥은 산맥과 맥이 통하는 말인데, 탐구하는 시인을 산맥을 오르는 등산가와 동일시한 것이다(박희진 평설, 「존재와 인생은 끝없는 신비의 심연」 『성찬경의 소네트 시집』 010 참조). 성찬경 시인의 완숙된 소네트 시집을 읽어보면서 자연스럽게 킬리만자로의 '표범'이 떠올랐다. 만년설 속에서 말라 얼어버린 사실만 제외하면, 바로 성찬경 시인이 그 '표범'과 같은 존재라는 연상을 갖게 된다. 이 '표범'과 같은 시인의 시세계를 '미학'이라는 이름을 붙여 천착해 보고자 한다.

국어사전을 찾아보니 '미학'이라는 말이 이렇게 정의되어 있다. '미학'이란 다름 아닌 "자연 또는 인생, 그리고 예술 작품이 가진 아름다움의 본질이나 형태를 연구하는 학문 또는 자연이나 인간의 생각 따위를 감각적 또는 감정적 효과의 면에서 매기는 가치"라는 것이다. 그의 세계를 미학적으로 조명한다는 말은 다른 말로 바꾸어 말한다면, 153편의 소네트들 속에 나타나는 '감정적 효과'와 '시의 주제'를 가름하는 그가 사용한 다양한 시법들을 잣대로 해서 시적 가치를 매겨보겠다는 뜻이다.

시집의 형식과 구조

박희진 시인이나 저자 자신이 언급한 대로 성찬경 시인의 제10시집인

『바스락 바스락 작업을 한다』에 전체적으로 흐르는 주제는 '존재와 삶의 신비'라 할 수 있다. 이런 형이상학적인 원숙한 주제를 담는데 가장 잘 어울리는(decorum) 서정시의 형식은 소네트라고 생각한다. 소네트(sonnet)라는 말의 어원은 '작은 소리' 혹은 '작은 노래'(little song)를 의미하는 이탈리아어의 '소네토'(sonetto)에서 유래했다. 처음에는 이탈리아 시인 단테와 페트라르카 등이 쓴 18행의 시 형식으로 악기를 연주하며 노래하는 연애시를 의미했었다. 그러나 16세기 초 와이어트에 의해 영국에 도입된 후에는 영국 특유의 14행시 형태로 정착되었다. 소네트는 보통 14행이지만 성경에 나오는 소네트는 대개 10행정도로 들쑥날쑥하고, 존 홉킨스(John Hopkins)는 6행으로 된 단축형 소네트를 즐겨 사용하기도 하였다.

대개의 소네트는 14행으로 완결되는 동시에 약강오보격(弱强五步格, Iambic Pentameter)의 리듬을 정형으로 갖는다. 그리고 압운 구조(rime scheme)는 아주 다양해서 그 율격구조에 따라 소네트의 종류가 결정된다. 한글로 쓰는 소네트에서는, 동의어와 이의어를 반복 또는 대조하는 대구법 또는 평행법(parallelism)으로 리듬을 어느 정도 나타낼 수는 있지만, 음을 기조로 하는 율동과 운율은 살릴 수 없으므로, 여기서는 논외로 한다. 다만 14행을 행수가 다른 연으로 조합을 이루는데도 여러 가지 변화가 있을 수 있다는 것만은 유의하여야 한다. 가령 2x7의 14행, 또는 3x2+4x2의 14행 같은 것이 있을 수 있다는 것이다. 시인 자신이 말한 대로 그의 가장 익숙해진 연 구분은 4433의 형식 곧 8행(octave)과 6행(sestet)의 조합인 것 같다. 보통 이런 조합의 형식을 이탈리아 풍 또는 페트라르카 풍의 소네트라 하는데, 8행에서는 주제가 제시되고 6행에서는 발전 완성된다. 그리고 8행과 6행은 구두점으로 구분되는데, 간혹은 그 다음 행으로 이어지는 경우도 있다. 구두점으로 구분되면서 그것은 내용에 있어서도 전환점이 된다. 그렇다고 해서 사상과 감정이 여기서 전연

달라지는 것은 아니다. 이탈리아 풍 또는 페트라르카 풍의 소네트 형식을 엄격하게 지킨 영국 시인은 존 밀턴(John Milton)이다.

소네트는 보통 14행으로 끝나지만, 어떤 소네트는 하나의 주제 하에 여러 개의 연작(sequence) 소네트의 형태로 쓰기도 한다. 소네트 모음집이란 특정한 개인에게 특정한 주제에 관해 쓴 일련의 소네트로서 '사랑'이 가장 흔한 주제가 된다. 이런 모음집의 장점은 각각이 하나의 독립된 시로 존재할 수 있으면서도, 시인으로 하여금 많은 경험의 다양한 양상과 분위기를 담아낼 수 있고, 느낌들을 자세히 분석하며 사건의 부침과 변화를 기록할 수 있게 해준다는 점이다. 대체적으로 소네트 연작은 같은 주제를 중심으로 엮어지므로 소네트가 갖는 단점을 보완할 수가 있어서 셰익스피어도 썼고, 존 던(John Donne)이나 밀턴도 사용하였다.

시인들의 가장 원숙한 감정이나 사상을 14행으로 온전히 표현한다고 하는 것은 난제 중 난제라 할 수 있다. 그래서 시적 높은 경지에 오른 셰익스피어나 밀턴 같은 시인들은 14행시를 쓰되 대부분 연작으로 쓰는 것을 볼 수 있다. 성찬경 시인도 대체적으로 4433의 14행으로 구성했지만 「추기경님 기억에서 떠오르는 사랑의 영가」는 21행인데도 여기에 넣은 것은 같은 주제의 시를 한 자리에 묶는다는 뜻에서 그리한 것이다.

물론 14행시를 처음부터 연작으로 쓰겠다고 작심하고 소네트를 쓰는 시인은 드물다. 대개 14행시는 수시로 시인 자신이 말하는 '묘한 동기'로 인해 읊는 노래 곧 수영시(隨詠詩, occasional poem)들이 대부분인데, 나중에 시집으로 상재할 때는 연대별 순으로 편집하는 것이 아니라 같은 주제끼리 묶어서 한 파트를 구성하는 것이 상례이므로 자연스럽게 작시연대와는 상관없이 주제를 중심으로 한 연작 소네트로 묶여지게 된다.

『바스락 바스락 작업을 한다』의 구조를 살펴봐도 아주 시사하는 바가 많다는 것을 곧 알 수가 있다. 이 시집의 표층구조만 볼 때, 이 '시집'은 5부 구성을 갖는데, 1부 「미묘한 동기에서」는 30편, 2부 「극비문서」는 30편, 3부 「이실직고」는 29편, 4부 「화성에 물이 흐른다」는 30편, 5부 「리얼리즘 샴페인」은 34편 도합 153편으로 직조되어 있다. 소네트의 명수들인 필립 시드니(Philip Sydney)는 108편의 연작 소네트시집 『아스트로펠라와 스텔라』(Astrophel and Stella)를 출간했고, 에드먼드 스펜서(Edmund Spenser)는 88편의 연작 소네트시집 『아모레티』(Amoretti)를 출간했으며, 윌리엄 셰익스피어(William Shakespeare)는 150편의 연작 소네트시집 『소네트들』(Sonnets)을 내놓았다. 17세기에 들어서서는 존 던이 「거룩한 소네트들」(Holy Sonnets) 19편을, 존 밀턴이 23편의 연작 소네트를 내놓았다. 이렇게 볼 때 우수한 소네트들은 대부분 그 실리는 시의 편수가 많을 뿐 아니라 대개 연작 소네트들이라는 것을 알 수 있다. 우연의 '숫자놀이'라고 하기에는 너무나 치밀할 정도로 성찬경 소네트시집 각 부의 시편은 3부와 5부만 제외하고서는 모두가 30편씩이다. 3과 10은 '거룩한 수' 또는 '완전수'로서 기독교적 영성을 풍유하는 숫자다. 전체가 153편으로 구성한 것도 우연일 수도 있지만 시인의 야심은 우선 수적으로라도 셰익스피어의 150편으로 이루어진 『소네트시집』을 능가하여야겠다는 것이 아니었겠나 하는 생각을 떨쳐 버릴 수 없다. 이런 야심은 허영이 아니라 진정한 겸허다. 시인의 이런 야심에도 불구하고 소네트는 엄격한 정형시이기 때문에 시인은 표현에 있어 많은 제한을 받게 된다. 즉 압축된 농도 진하고 간결한 표현을 하기 위하여 모든 시적 기교를 부려야 한다는 말이다. 그리고 소네트는 시상의 집중체라 할 수 있으므로 감정이나 사상을 무제한 토로할 수 없고 한 말 한 말을 재고 깎고 닦고 들어 맞춘 예술품이라야 한다. 많은 내용을 담으면서도 14행이라는 제한을 극복하자면 시인 자신의 말대로 "선택, 압축, 겸용, 다의적 융합, 시적 기상, 아이러니, 역설, 펀(pun), 두운이나 반복 또는 대조로 이루어지는 운율" 등을 효과적으로 사용하여야 한다. 이런 의미에서 그의 소네트는 그가 1963년에 시험적으로 내세운 밀핵시론(密核詩論)

과 일맥상통한다고 생각된다. 저자가 후기에서 언급한대로 '밀핵시'란 한정된 시에 되도록 많은 의미를 담아 가능한 의미의 밀도를 높이려는 시를 말한다. 밀핵시의 실험은 그의 일자 시집 2009년에 상재한 『해』에서 이루어졌고, 2012년 1월에 상재한 『성찬경 소네트시집: 바스락 바스락 작업을 한다』를 통하여 밀핵시론을 수련하고 있다고 한다. 수련은 거듭할수록 좋은 것이 된다는 점에서 그는 킬리만자로의 만년설의 정상을 아직도 오르는 고된 일을 중단하질 않고 있다는 뜻으로 받아들이겠다. 「현찰을 챙긴다」는 시 전문을 인용하고 이 소네트가 사실상 얼마나 많은 의미를 담아 가능한 의미의 밀도를 높이는가를 살펴보겠다.

지금 무엇을 할까.
현찰을 챙기자.
먹물이 다 마르기 전에 붓글씨 연습을 하자.
이것이 내가 할 지금 현찰을 챙기는 밥법이다.

그 다음엔 무엇을 할까.
앞 동산에 올라 산책을 하고
오는 길에 목욕탕 들러 냉온욕을 하자.
이것이 인생에서 현찰을 챙기는 나의 방법이다.

나는 현찰주의자다.
돈 버는 이들이 돈 버는 솜씨를 볼 때
나는 내 식으로 시간의 현찰을 챙긴다.

내 인생 이미 황혼.
풍경의 윤곽에 안개가 낀다.

나는 부지런히 삶의 현찰을 챙긴다.

이는 「현찰을 챙긴다」의 전문인데, 여기서 사용된 '현찰'이라는 말이 핵심어, 즉 밀도 높은 의미를 포함하고 있는 말이 될 것이다. '현찰'이란 사전적인 의미로는 '지폐나 주화 따위의 실제로 통용되고 있는 화폐'를 뜻한다. 그러나 시인이 사용한 '현찰'이라는 말은 물건을 사고 팔 때 주고받는 돈만을 가리킨다고 볼 수가 없다. 이 '현찰'이라는 말 속에는 다의적인 뜻이 융합돼 내포되어 있다. 실제적으로는 통용되는 화폐를 지칭하기도 하지만, 심층적으로는 현실적인 통용가치 또는 유용가치를 지칭하기도 한다. 이 짧은 14행에서 '현찰'이라는 말이 6번 사용되었다고 하는 것은 그만큼 그 용어가 중요하며 핵심 되는 단어라는 것을 암시해 준다고 할 수 있다.

'현찰'에 대한 이야기는 이쯤 해두고, 1연의 1행으로 넘어가 보겠다. 이 시의 첫 행은 '지금 무엇을 할까'라는 형이상시인들이 자주 사용하는 돌발적인 질문을 던지는 것으로 시작된다. 이 첫 행에는 많은 의미와 비의가 압축되어 있다. '지금'은 어느 때이며 어떤 때인가 하는 것들을 생각해 보게 한다. 우선 '지금'이 어느 때이고 어떤 때인가라는 질문부터 천착해보겠다.

제1연에도 '지금'이 어떤 때인지는 암시적으로 제시되어 있지만, 실은 마지막 결구가 되는 연까지 유의해서 다 읽었을 때에만 극명하게 알 수가 있다. 지금은 어떤 때인가 하는 질문에 대한 답은 '내 인생 이미 황혼'이라는 표현 속에 들어 있다. 즉 '지금'은 '인생의 황혼기'라는 것이다. 이런 인생의 '황혼기'에 '무엇을 할까' 하는 것이 질문의 요지다. 이 질문 바로 뒤에서 '현찰을 챙기자'라고 하는 직설적인 말로써 대답을 대신하였다.

'챙기는 행위는 아무 때나 하는 것이 아니다. 비상한 때나 여행을 떠날 때 식량을 준비하고 현찰을 챙기는 것이다. 그것이 있어야 생명과 삶과 시간을 조금 더 유용하게 할 수 있기 때문이다. 그런데 시인이 챙겨야할 현찰은 정작 화폐가 아니라 '붓글씨 연습'이다. 이로써 '현찰'이 실물적인 가치의 척도인 화폐가 아니라는 것을 알 수 있다. 그래서 "먹물이 마르기 전에 붓글씨를 연습하자"고 한다. '먹물'이 마르면 붓글씨를 연습할 수 없기 때문이다. 그런데 여기서 말한 '먹물'이란 반드시 '붓글씨 연습'에 필요한 물건인 먹을 간 물을 가리키는 것일까? 아니면 언외적인 다른 의미가 있는 것일까? 나의 소견으로는 '먹물의 마름'은 그 생명이 다하여 더 이상 소용이 없어지게 되는 것을 의미하므로 '먹물이 마르기 전'이란 '생명이 다하기 전'을 가리킨다고 봐도 무방할 것 같다. 그러니까 '지금 무엇을 할까'라는 구절은, 내 인생의 생명이 다하기 전 지금은 황혼기니까, 현찰로서의 '돈'을 챙기는 것보다는 '붓글씨 연습하는 것'이 더 현명한 '현찰 챙기기'가 될 것이라는 것을 뜻한다고 할 수 있다.

결국 이 시에서 강조하는 의미는 실제로 통용되는 현찰이 아니라 더구나 인생의 황혼기에 이미 접어든 사람이 챙겨야 할 일은 현찰로서의 돈이 아니라 저 영성의 나라를 향해 떠날 준비로서 조금 더 높은 아가페적인 가치를 위해 인생을 유용하게 준비하고 챙겨야 한다는 것이다. 이런 준비를 하여야 하니까 육체적 · 정신적 건강을 위해서 산책도 하고 냉온욕도 하여야 한다고 한다. 그것이 인생의 현찰을 챙기는 것이 된다고 한다. 이런 가치이동은 제3연에서 더욱 현저해진다. '나는 현찰주의자다./돈 버는 이들이 돈 버는 솜씨를 본 따/나는 내 식으로 시간의 현찰을 챙긴다'는 아이러니와 역설로 나타난다. 돈 버는 솜씨를 본 따 돈을 벌겠다고는 하면서도 정작 시인은 시인 자기 방식대로 즉 시를 쓰는 것으로 실제로 통용되는 화폐를 버는 것이 아니라 시간의 현찰 곧 시간의 효용적 가치를 높이겠다는 것이다. 더욱 마지막 연에서는 '풍경의 윤곽에 안개가 낀다./나는 부지런히 삶의 현찰을 챙긴다'라는 말 속에서 우리는 주어진 현세적 시간 속에서 영원을 준비하겠다는 고밀도의 의미를 찾아낼 수 가 있다. '풍경의 윤곽'이 안개가 낀 것처럼 시력이 점점 약화되고 희미해져가고 있으니 부지런히 글을 써서 영원의 여행을 떠날 준비로서 삶의 효용가치를 높이겠다는 것이다. 이 시는 그가 주장하는 고밀도의 의미를 담은 밀핵시 류의 소네트라 할 수 있다.

경구적 반전기법의 달인

이탈리아 풍의 소네트는 전반부 8행에서 주제를 제시하고 후반부 6행에서는 그 주제를 발전시켜 완성하는 것이 상식이라는 것을 이미 앞에서 말한 바 있다. 이와 같이, 성찬경 시인의 소네트에서도 대개는 후반부에서 반전이 일어나는 데, 다분히 경구적이라는 것이 그 특색이다. 그로 인해서 밀도 높은 의미에 묘미를 더해 주고 그 메시지에 신선미를 더해 준다. 경구를 잘 쓰면 짜릿한 촌철살인의 꼬집는 맛과 함께 인생 삶의 슬기를 줄 수 있어서 전통적으로 지혜문학의 범주에 넣어서 다뤄져오고 있다.

경구는 원래 기념비에 새겨 넣기에 적합한 비문을 가리키는 말이었지만, 그리스 사화집(詞華集)이 나온 이후부터는 짧고 간결한 시 특히 신랄하고 도덕적인 교훈을 주로 담은 것을 가리킨다. 넓게는 소설이나 연극, 시, 담화 속에서 간단명료하게 보편적 진리를 나타내는 듯한 인상적인 문장을 가리키기도 한다. 대개의 경우 '경구'는 사람의 잘못을 따끔하게 지적하면서 인간세계의 진리를 정확하게 표현하는데 묘미가 있다. 또한 날카롭고 함축성이 풍부하여 듣는 사람으로 하여금 절로 숙연하게 고개를 끄덕이게 한다. 성찬경 시인의 소네트집에는 '잠언'처럼 사람이 살아가는 데 교훈이 되는 밀핵적인 짧은 말의 '경구'(epigram)가 많다. 이런 경구적인 묘미를 주는 시는 너무도 많지만 「가방」이라는 시를 가지고 그 맛을 음미해 보겠다.

선물로 받은 까망 가죽 가방이다.
이 가방의 신기한 용량에 어리둥절해진다.
큼직한 책 네댓 권 세면도구 파자마 그 밖의 잡동사니를
다 뭉뚱그려 넣고도 아담하고 깡똥하다.

뿐만인가. 이 가방에는
늘어나는 비밀 칸이 여기 저기 있다.
은밀한 연애편지 안 들키게 숨기는 벽장도 있고
기적의 바람 여의주 따위 넣는 지갑도 마련돼 있다.

산더미만한 마음의 구름도 쑤셔 넣고
남의 허물 용케 용서하는 큰 아량을 압축해서 쟁이는
코지 코너도 있다.

세상에 이런 가방도 있는가.
바로 여기에 있다.
사랑의 가방이다.

—「가방」의 전문

여기서 시인이 소재로 삼은 '가방'은 '까망 가죽 가방'인데, 누군가로부터 선물로 받은 것이다. 가방을 선물로 준 사람이 누군가 하는 것은 그리 중요하지 않다. 시인은 가방의 용량이 하도 신기해서 어리둥절해한다. 큼직한 책 네댓 권, 세면도구, 파자마, 그 밖의 잡동사니를 다 뭉뚱그려 넣고도 아담하고 깡똥하다고 한다. 뿐 만 아니라 가방에는 비밀 칸이 여러 개가 있어서 은밀한 연애편지를 숨겨둘 벽장도 있고, 여의주를 넣어둘 지갑도 있으며, 산더미만한 마음의 구름을 쑤셔 넣고 남의 허물 용케

용서하는 큰 아량을 압축해서 쟁이는 코지 코너도 있는 가방이란다. 가방에 대한 이야기치고는 아주 야릇하고 신기하며 예사롭지가 않다. 그래서 더욱 그 '가방'에 대해 흥미를 갖게 되고 도대체 어떤 가방이기에 그 용량이 그다지도 클 수 있을 가하는 궁금증을 갖게 된다.

그런데 결구격인 마지막 3행으로 넘어가면 시인 자신도 궁금해서 못 견디겠다는 듯이 '세상엔 이런 가방도 있는가'라고 질문을 던진다. 이런 질문을 받고 생각해볼 틈도 주질 않고 시인은 '바로 여기에 있다'고 즉답해버린다. 쉽게 대답을 던지지만 이 말은 상당히 밀도 높은 말이다. 왜냐하면 '여기'에 있다고 하는 '여기'가 어디냐 하는 것이다. 바로 '여기'가 하늘인가 아니면 땅인가, 그도 저도 아니면 사람인가? 그런데 그 다음 행에서 그 궁금증은 풀린다. 그 실마리는 돈 가방이나 옷 가방, 책가방이나 서류 가방, 또는 여행 가방도 아닌 '사랑의 가방'이라는 데서 찾게 된다. 즉 여기서 시인이 말하는 사랑은, 에로스적인 사랑이 아니라, 원래 천상적인 속성을 지닌 아가페적인 것으로서 인간의 마음에서 발로되는 그런 것이라는 것이다. 왜냐하면 이 '사랑의 가방'을 갖게 되면 모든 것에 너그러울 수 있고 신처럼 남의 허물까지도 용서해 줄 수 있기 때문이다. 다시 말하자면, 그 '사랑의 가방'은 아량을 쟁이는 코지코너도 될 수 있고, 여의주를 넣는 지갑도 될 수 있으며, 사랑의 편지를 숨겨 놓을 수 있는 벽장도 될 수 있다는 것이다. 세상에 많은 용도의 가방이 있지만 사랑만한 가방이 세상 또 어디에 있겠냐는 말이다. 이런 경구적 표현 속에서 우리는 유머와 기지와 노시인의 언어적 달인의 경지를 엿 볼 수 있다.

성찬경 시인은 개념적인 이미지는 잘 안 쓰는데, '사랑', '지혜', '믿음' 같은 개념들에 대해서는 예외적이다. 이 시에서도 시인은 의외적인 말로써 시를 시작해서, 짧으면서도 '사랑'의 위대성을 나타내는 경구적인 수법으로써 결말짓고 있는 데, 이것이 노숙한 그의 재주요 현묘한 그의 수법이라 할 수 있다. '사랑의 가방'이라는 말에 한창 긴장되었던 맥이 풀리고 신묘한 카타르시스의 피가 흐르면서 아늑한 코지코너에 앉아 커피 한 잔을 마시는 기분으로 자자들게 된다. 다음으로는 이 시집의 제목이기도 한 『바스락 바스락 작업을 한다』 라고 하는 자전적인 시 한편을 더 살펴보겠다.

주문인지 신음인지 알 수 없는 소리를 흥얼거리며
바스락 바스락 작업을 한다.
단박에 걸작이 나오나.
바스락 바스락 작업을 한다.

밥 먹다가도
글자 몇 자 끄적끄적 끄적이기도 하고
잠자다가도 생각만 나면
신문지를 가위질하여 스크랩 북을 채워나간다.

바스락 바스락 작업하는 재미는
내가 지금까지 발견해 온 재미중에서
단연 으뜸가는 재미다.

80대를 내 인생 최고의 황금기가 되게 하는
마지막 남은 나의 전략이 이것이다.
바스락 바스락 작업을 한다.

—「바스락 바스락 작업을 한다」의 전문

이 시는 노경에 접어든 시인 자신의 고백이요 기대감의 표현이라 할 수 있다. 어려운 말은 하나도 없으나 바스락 바스락 낮에도 아침에도 저

녁에도 부지런하게 신문지를 잘라 스크랩하기도 하고, 글자 몇 자 끄적끄적 하기도 하며, 바스락 바스락 작업을 하는 노시인의 모습이 선하게 떠오른다. 후반부 6행에서 반전이라고 할까 또는 경구적인 교훈이라고 할까 하는 메시지가 우리로 하여금 고개를 끄덕이게 하고 숙연해지게 한다. '80대를 내 인생 최고의 황금기가 되게 하는' 마지막 남은 '전략'이 느리게나마 쉬지 않고 바스락 바스락 작업을 하는 것이라는 것이다. 여기서 가장 밀핵적인 언어는 '전략'이라는 말이 아닌가 한다. '전략'이란 말은 사회적인 활동을 하는 데에 있어서의 방법이나 책략을 말할 때도 쓰긴 하지만, 주로 전쟁을 전반적으로 이끌어 가는 방법이나 책략을 말할 때 쓰는 용어다.

나이가 들면 젊음의 기운도 다 쇠진하고, 의욕과 음욕도 고갈되고, 마냥 쉬고도 싶고 편히 가고 싶어지는 것이 인지상정이다. 노인네들에게는 그것이 당연한 일인 동시에 일반적으로 별반 할 일도 없다. 이런 때에 꾸준히 바스락 바스락 작업을 한다는 것은 쉬운 일이 아니다. 어떻게 보면 편히 가고 싶은 충동이나 쉬고 싶은 마음을 떨쳐버리는 것은 전쟁보다 더 치열한 싸움일 수도 있다. 그러므로 '전략'이 필요한 것이다. 그리고 이런 싸움은 하루 이틀에 끝날 일이 아니다. 해서 반복적인 노력과 수련이 요구되는 것이고, 그런 반복적인 작업행위를 '바스락 바스락'이라는 반복적인 율어(律語)로써 나타냈다고 할 수 있다.

늙은이들을 느슨하게 하는 유혹과 쉽지 않은 싸움을 벌이면서 황금기를 열어나갈 수 있는 비결은, 반복되는 얘기지만, 천천히 그러나 끊이지 않고 노력하는 것이다. 이것이 노년을 황금기로 만드는 전략이요, 그 전략 속에서 황금과 같은 비법과 지혜가 서로 유기적으로 합세하여 버텨나가는 에너지를 자아내게 된다. 시인의 시법에 대한 끊임없는 실험을 하는 도전자세가 곧 킬리만자로의 만년설이 뒤덮인 꼭대기를 향하여 목숨을 걸고 올라가는 표범의 그것과 같아서 숙연해질 뿐이다.

통합적 감수성의 미학

'두두시도(頭頭是道) 물물전진(物物全眞)'이라는 선가의 말이 있는데, 이를 번역하면 '모든 존재는 하나하나가 도이며, 하나하나가 다 진리이다'라는 뜻이다. 이 말은 우주 속에 이미 존재하고 있는 모든 것은 참이며, 가시적인 '물물'도 하나하나가 거짓이 아닌 진리라 한다. 이 두두와 물물은 둘이 따로따로가 아니고 불이(不二)의 통합을 이루는 한 존재의 '안'과 '밖'이다. 선가에서 말하는 것처럼 두두와 물물, 안과 밖, 영혼과 육체, 하늘과 땅, 우주와 티끌과 같은 양극적인 요소들을 융합해서 보다 강력하고 완전한 하나로 만드는 감각적 능력을 엘리엇은 통합적 감수성(unified sensibility)라 하였다.

엘리엇이 말하는 '통합적 감수성'이란 '사상을 감각적으로 체험하는' 감수성, 곧 '이성'과 '감성', '지성'과 '감각', 즉 '사상'과 '감정'이 융합된 감수성을 지칭한다. 박희진 시인이 성찬경 시인의 소네트 시집 평설에서 지적한 대로, 이 소네트 시집에는 "시의 주제 내용도 참으로 다양해서 본질과 현상, 영성과 육체, 아가페와 에로스, 우주와 티끌, 예술과 과학, 천국과 지상…… 일일이 열거하기 힘들 만큼 극에서 극으로 광범위하게 펼쳐져 있다." 이런 융합을 이루어 낼 수 있는 감각적 기능이 바로 통합적 감수성인 것이다. 이것을 윌리엄슨(Williamson)은 '광범위한 소재'라 하였고, 베넷(Joan Bennet)은 '정서의 범위 확대'라 하였다.

르네상스 이후 인간의 시야가 넓어짐에 따라서 체험의 폭도 넓어지고 사물에 대한 관점도 확대되어 여러 방면을 살펴보는 동시에 종합적인 관찰도 할 수 있게 되었다. 따라서 경험에 대해서도 복잡하고 다양한 조준으로 이해하게 되었고 결코 외곬으로 생각하지 않게 되었다. 인간이 경험할 수 있는 모든 것은 정도의 차이는 있겠으나 서로 무엇인가 관련성이 있다고 생각하는 습성이 존 던(John Donne)과 그의 일파의 사상을 지배하게 되었으며, 이것이 형이상시인들의 경험능력의 범위를 확대시켜주는 원동력이 되었던 것이다.

성찬경 시인도 존 던 못지않게 서로 다른 분야의 것들을 융합하여 하나의 화음을 만들어내는 통합적 감수성이 아주 탁월한 시인이다. 서로 다른 이질적인 개념들을 통합하는 것도 형이상학적인 감각화의 능력이지만, 서로 다른 이질적인 학문이나 분야를 통섭관계로 묶어 융합하여 시화하는 것도 또한 형이상학적인 기법상의 능력이라 할 수 있다. 특히 성찬경 시인은 과학과 예술, 음악과 시, 시와 오브제, 또는 과학과 종교 등 자유 무애한 통합을 시도하여 확대된 정서의 범위를 보여주고 있으며, 소재가 광범위하고 다양해서 지루하질 않고 유머를 은근히 자아내는 묘미와 재미를 더해준다. 이런 작업은 통합적 감수성이 뛰어난 시인만이 할 수 있다. 이런 능력의 소유자를 윌리엄 워즈워스는 '복합적인 영혼'(comprehensive soul)이라 하였다. 오스틴 워렌(Austin Warren)의 말대로 형이상시인들은 '우주적 유추법'(universal analogy)에 기초를 둔 세계관 때문에 일견 서로 관련이 없는 듯이 보이는 이질적인 유추들을 자신들의 경험세계 안에 받아들여서 이것들을 하나의 정서로서 정리하고 결합시키는 능력을 본질적으로 갖고 있었는데, 그런 능력이 성찬경 시인에게도 있다. 이 소네트 시집을 정독해 본 사람이라면 이런 평설이 지나치지 않는다는 것을 알 수 있을 것이다.

리처드(I. A. Richards)가 그의 『문학비평의 원리』에서 "시인과 범인의 가장 큰 차이점은 경험이 가진 상이한 요소들을 어느 정도 광범위 하게, 미묘하게 그리고 자유롭게 결합할 수 있느냐 하는데 달려 있다"고 말한 대로, 성찬경 시인은 역사적 격동의 시대에 느끼고 보고 부닥친 모든 경험세계와 실존적 사유를 하나의 시세계 속에 용해해서 집약하고 결합하는 능력 즉 통합된 감수성을 가지고 있었다. 「나의 그림자」를 예로 들어 그런 불이의 통합 미학을 살펴보겠다.

내가 절대고독에 빠질 때도
나를 버리지 않는다.
나의 형상과 혼백이 지상에서 사라질 때
나의 그림자도 같이 사라질 것이다.

불가해한 압축이다. 유현한 단화다.
흑백 평면이지만 내가 타고 온 시간의
칠색 궤적이 다 인쇄돼 있다.
고백할 수 없는 죄의 흉터도 빠짐없이 새겨져 있다.

윤곽은 샤아프하지 않다.
그러나 소묘가 이보다 정확무비할 수 없다.
나의 천근의 한숨을 걸레처럼 쓰윽 빨아들인다.

이제 나는 그림자를 팔고 슬퍼하는
샤아밋소의 사나이의 심정을 안다.
내 실존의 유일한 반려를 말없이 들여다본다.

—「나의 그림자」 전문

여기서 화자는 일인칭 '나'로 지칭되는 데, 이 '나'는 시인일 수도 있고 다른 사람일 수도 있다. 그건 누구라도 상관없다. 보다 중요한 것은 '나'라는 화자가 누구냐가 아니라 그 '나'가 이미 우주 안에 있는 '실재'(實在)라는 것이다. 그러므로 선가에서 말하는 것처럼 존재한다고 하는 것은 허상이 아닌 실상이며, 모든 실재는 현상 즉 물물로 나타나니까 모든 존재는 그림자를 갖게 되는 것이다. 이런 의미에서 '나'는 '본질'이면서 '현상'이고 '존재'이면서 동시에 '그림자'다. 따라서 '내'가 고독과 소외, 절망과 체념, 또는 고립의식과 적료감(寂寥感) 같은 것을 일체 포괄한 고독 곧 '절대고독'이나 또는 신적인 궁극적 관심사 앞에 홀로 서 있는 단독자로서의 원초적 고독 같은 경지에 빠져 있을 때도 나의 옆을 떠나지 않는 것이 '그림자'라는 것이다. 나의 현상인 육체와 혼백(영혼)이 지상에서 하늘로 사라질 때 나의 '그림자'도 함께 사라지게 된다고 한다. 나(본질)와 그림자(현상)은 둘이 아니라 동전의 양면과 같은 것으로서 나를 구성하고 있는 양대 요소인 것이다. 이 요소들이 합쳐져 있질 않고 분열된 상태 그대로라면 나는 존재할 수도 없고 존재하지 않으니까 현상인 그림자도 있을 수 없다.

플라톤과 같은 철학자는 이원론자여서 영과 육이 분리될 수 있으며 영이 고향으로 돌아갈 때 육은 흙속으로 소멸된다고 생각하지만 기독교에서는 인간이 죽을 때 인간의 영은 육과 함께 하늘로 올라간다고 한다. 다만 성화된 육체로 변한다는 것만이 다를 뿐이다. 모든 사물에는 '그림자'가 있기 마련인데, 이 그림자는 나의 분신이나 마찬가지이므로 나를 떠나서는 존재할 수 없다. 다시 말하자면 나(본질)와 그림자(현상)는 상충하고 싸우는 적대관계가 아니라 서로 떠받들어 주며 부족한 것을 채워주고 서로 융합해서 보다 능력 있는 존재로 승화시킨다는 것이다. 나는 영과 육으로 구성된 유기적 통일체다. 육은 영혼의 그림자와 같지만, 육이 없으면 영혼은 존재할 수 없다. 이 양자는 어떤 것이 높고 낮은 것도 아니고, 어떤 것이 아름답고 추한 것도 아니며, 어떤 것은 불멸하고 어떤 것은 사멸하는 것도 아니다. 보이는 것과 보이지 않는 것이 한데 아우러져서 유기적으로 통합된 존재가 인간인 것이다. 제1연에서는 이런 신비로운 존재의 의미를 추구하고 있다.

제2연에서는 '나'라고 하는 존재를 대우주에 대비 되는 불가해한 압축

소우주와 같은 존재며 유현한 존재(단화)로 시인은 보았다. 생존의 흑백 평면에는 내가 살아온 시간의 다양한 궤적들과 그림자 모양의 족적들이 인쇄돼 있는데, 그 중에는 죄의 흉터도 빠짐없이 새겨져 있다고 한다. 이와 같이, '나'라고 하는 존재는 소우주로압축 된 존재지만, 그 생존의 평면에는 시간의 다양한 궤적들이 다 새겨져 있는 실체라는 것이다.

제3연에서는 한 폭에 새겨진 그림의 윤곽은 뚜렷하지 않지만 소묘만은 정확무비하다는 것인데, 이는 시인 자신의 자화상이 아닌가 한다. 이 묘사가 시인 자신의 자화상이라고 볼 때 '나의 천근의 한숨을 스폰지 걸레처럼 쓰윽 빨아들인다'라는 표현도 이해될 수 있다. 즉 소묘라도 정확무비하다고 할 수 있기 때문에, 수없이 많고 무거운 한숨이 스폰지 걸레처럼 쓰윽 빨아들여지는 반면 안도의 숨도 내쉴 수가 있다고 한다. 제3연에서는 그래도 시인 자신의 자화상의 윤곽은 뚜렷하지 않지만 소묘만이라도 정확무비해서 안심이 된다는 것이다.

제4연에서는 독일의 시인이자 식물학자였던 아델베르트 폰 샤미소가 쓴 소설 『페터 슐레밀의 신기한 이야기』(1913년) 속에 나오는 주인공은 악마에게 밑바닥 없는 지갑 대신 본질과 하나인 그림자를 판 사람인데, 물질적 욕망 대신 그림자를 팔고 슬퍼하는 샤밋소의 사나이의 심정을 알 수 있게 된다고 한다. 물질적 욕망보다 더 소중하고 가까운 반려가 그림자이기 때문이다. 이 그림자를 '내 실존의 유일한 반려'라 한 것으로 봐서, 실존주의에서 말하는 자아의 또 다른 자아를 가리킨다고 할 수 있겠다. 통합적 존재로서의 '나'를 형성하고 있는 '형상'과 '혼백'이 지상에서 사라질 때, 현상적 존재로서의 나의 '반려' '그림자'도 같이 사라진다고 한다. 영혼과 육체는 따로 뗄 수 있는 존재가 아니라 유기적인 통일체라는 말이다.

이와 같이, 「나의 그림자」라고 하는 시는 두두와 물물의 형이상학적인 통합인 불이의 세계를 그린 시다. 다시 말하자면, 이 시는 존재의 의미와 신비를 추구하고 있는 형이상학적인 내용이 담긴 시인 동시에 그에 걸 맞는 시법, 즉 본체와 그림자, 영과 육 등을 상충되지 않게 하나의 전체로 융합하는 통합적 감수성과 형이상학적인 기상의 시법으로 잘 짜서 만든 시라 할 수 있다. 이밖에도 다른 분야의 학문이나 지식과 시를 연계하여 노래한 시들도 많은데, 그 중에서도 여기서는 음악과 시의 통합을 보여주는 예로서 「슈베르트의 노래 보리수」라는 시를 들어 통합적 감수성의 문제를 살펴보겠다.

I look to thy face, and tears come to my eyes. -Ravindranath

바리톤 가수가 나직이 슈베르트의 노래 「보리수」를 부르고 있다.
이번에도 나의 볼에 눈물이 흘러내린다.
너무 아름답다. 슬프도록 아름답다.
허지만 눈물을 흘리는 까닭을 나는 꼭 꼬집어 말할 수가 없다.

삶의 황혼에서 회한의 눈물인가.
어쨌거나 이 순간이 나의 가장 정화된 시간이다.
슈베르트에 대한 나의 뜨겁고 순수한
찬미와 감사가 눈물 속에 녹아 있기 때문이다.

지금 내가 슈베르트를 만난다면
경애의 표시로 이마를 땅에 댈 것이다.
더 뜨거운 눈물이 펑펑 쏟아질 것이다.

인류에게 가장 귀한 보배를 남기고 간 슈베르트,
어디에서 이 보상을 받을 것인가.

<영원계>가 둥실 떠오른다.

—「슈베르트의 노래 보리수」의 전문

바리톤 가수가 부르는 슈베르트의 보리수라는 노래를 들으며 '이번에도' 눈물이 볼로 흘러내린다고 한다. '이번에도'라고 한 것을 보면 이미 그 이전에도 종종 이 노래를 들었던 것이 틀림없고 들을 때마다 눈물이 볼로 흘러 내렸던 것 같다. 그 노래가 '슬프도록 아름답다'고 한다. 이는 모순어법이지만 이런 경우 '정말 아름다운 미인'은 눈물을 흘려도 아름답게 보일 때와도 같다 할 수 있을 것이다. 그 눈물이 슬프도록 아름답기는 한데, 그 흘리는 까닭을 꼭 꼬집어 말할 수 없다고 한다. 이런 눈물을 알프레드 테니슨(Alfred Tennyson)이라는 19세기 영국의 빅토리아시대의 시인은 '객쩍은 눈물'(idle tears)라 하였다. 나이가 들면 가을 들녘을 바라보기만 해도 눈물이 볼로 흘러내릴 때가 있다. 이런 때 흘리는 눈물의 까닭을 잘 알 수가 없다. 이것이 객쩍은 눈물이다.

황혼의 회한일 수도 있지만 이때가 가장 정화된 시간이라 한다. 그 까닭은 슈베르트에 대한 뜨겁고도 순수한 찬미와 감사가 그 객쩍은 눈물 속에 녹아 있기 때문이라는 것이다. 지금 슈베르트를 만나면 희랍 정교회나 가톨릭교회의 신도들이 교황이나 존경하는 사제에게 행하는 것처럼 경애의 표시로 이마를 땅에 댈 것이라고 한다. 그만큼 슈베르트를 음악사제(音樂司祭)처럼 존경하고 있다는 뜻이고 너무나 감동한 나머지 눈물을 펑펑 쏟을 것이라는 것이다.

슈베르트의 노래, 특히 '보리수'는 가장 귀한 보배인데, 이 보상을 어디서 받을 것인가라고 질문을 던진 후, 이어서 <영원계>가 둥실 떠오른다고 답한다. 황혼에 접어든 노시인의 심경과 음악 사랑의 마음을 유감없이 발휘한 자유 무애한 표현이다. '영원계'란 곧 천국이 아니겠는가? 땅에서는 어떤 보상으로도 족할 수가 없고 보리수와 같은 노래는 신성한 찬미가와 같아서 하늘나라에서나 보상을 받을 수밖에 없다는 뜻 같다. 바리톤의 가락이 둥실 구름타고 하늘로 떠오르듯이 둥실 '영원계'가 떠오른단다. 위에서도 이미 언급하였지만, 성찬경 시인은 양극의 개념들을 통합하는 능력도 대단하지만, 시와 여러 분야의 학문이나 지식을 통합하여 기발한 감동을 자아내는 형이상학적인 시의 지평을 연 시인이라 할 수 있겠다.

종설

14행이라는 제한된 소네트 형식 속에 그야말로 다양한 내용을 담았고 그 내용에 따라 자유 무애하게 시법을 달리하면서 어떻게 보면 가장 속스러운 것 까지도 거침없이 표현하였는데, 그것이 속스럽다거나 외설스럽지도 않고 눈살을 찌푸리게 하지도 않는다. 그것은 언어 구사력의 거장이 아니고서는 불가능한 일이다. 그는 하늘과 땅, 바다까지 자유자재로 오고가면서 소재를 거머쥐고 다양한 시법으로 표현하였다. 그의 영적 통찰력이란 타의 추종을 불허한다. 박희진 시인이 언급한 것처럼 "예술과 과학이 교차하는 접점에서 그의 맑은 시안(詩眼)은 사방팔방을 둘러보고 있다. 이런 모든 일이 가능한 것은 그가 이젠 자신의 말마따나 황금기를 맞이하여 무르익을대로 무르익은 대인간, 언어의 거장이 되었기 때문이다."

전적으로 박 시인의 견해에 동의하면서 끊임없는 시법을 실험해 가는 성찬경 시인의 도전정신과 완숙의 단계에 이른 언어구사력 및 그 폭 넓은 지성과 맑은 시혼, 그리고 그 통합적 감수성과 킬리만자로의 꼭대기를 향하여 목숨을 걸고 올랐던 표범과도 같은 그의 시의 기상에 경의를 표하는 동시에 앞으로도 오르페우스처럼 산초목과 천계의 천사들까지도 감동할 수 있는 시적 작업을 '바스락 바스락' 오래오래 계속할 수 있도록 신의 가호가 있기를 빌면서 결어를 대신하다. 다만 아쉬운 것은 시인의 자유 무애한 리얼리즘적인 수법에 대해서 궁구하지 못한 것이다. 언제 기회가 있는 대로 이 문제도 짚어보고자 한다. 그러나 그것이 언제일지는 알 수가 없다.

인류의 옆구리엔 구멍이 뚫렸다 외 4편

박 희 진

인류의 옆구리엔 구멍이 뚫렸다.
아담의 갈비뼈가 부러졌을 때부터.
거기서 검은 오욕의 피가 쉴 새 없이 꾸역꾸역 흐른다.
천사(天使)는 멀리서 냄새만 맡고도 기절할 지경.
이 각각으로 부패해가는
육체를 각각으로 소생케 하는 그것은 호흡이다.
그러나 짐짓 숨을 죽여 가며
음란을 탐하는 육체의 악마(惡魔)
엉겅퀴, 가시덤불 우거진 땅이나
음습한 진구렁을 설설 기면서 살아온 우리
어두운 살 속의 기억이 눈뜸인가.
빛을 갈구하는 우리의 영혼처럼
어둠을 탐하는 육체의 게으름, 오뇌엔 끝이 없다.
도색(桃色)의 살결이 땀방울 솟는 청동(青銅)의 근육으로
흑흑 흐느끼며 용쓰다 못해
골즙(骨汁)을 내고 마는 이것이 사랑인가,
저주 받은 육체의 아픔인가, 난 처음엔
목을 졸라서 죽이는 줄 알았어요.

아, 그러나 이 밤이 새기 전에 다시 더 한번!
이리하여 우리는 늘어지게 마련이다, 죽음의 밥으로,
호흡을 여읜 우리의 육체,
영혼이 나간 그 무거운 오물은 썩어
흙으로 돌아가리, 할 일 다한 듯.
인류의 옆구리엔 구멍이 뚫렸다.
아담의 갈비뼈가 부러졌을 때부터.
거기서 흐르는 오욕의 피를 속죄의 선혈(鮮血)로
바꾸려던 그분의 거룩한 이름을 외우면서도
진흙의 입술, 진흙의 손은 죽음을 재촉한다.

나를저미고간탱크의캐터필러유월이돌아와도

나는절망을노래할만큼위대하진못하다.

나는침묵에귀기울일만큼슬기롭진못하다.

나이전에서흐느적거리나.

나이후에서망각을탐하거나.

절반은투명하고절반은불투명한.

나는이상한.

반인반수(伴人伴獸)이다.

인격이전이다.

저구천(九泉)의유황내나는이끼낀생식기와.

늘투덜대는밥주머니와.

거대한기계(器械)같이어쩔수없는뇌수에짓눌려서.

피기모자라서그것들을조절할기름이부족해서.

갈리지다합치는.

줄었다늘어나는.

사지(四肢)의되풀이.

신물나는가짜죽음의되풀이.

이대기(大氣)속의무중력의상태(無重力狀態)속을.

이온갖협잡이들끓는혼돈속을.

나는부유(浮遊)한다.

나는시대다지리멸렬이다.

혁명(革命)은이렇게고갈한나를한없이울리려고.

내눈에최류탄을박고떠났으나눈물을흘리라고.
그동안못살아서독(毒)만남은나는.
이미벌집처럼너무도많이구멍이뚫린나는.
그회춘(回春)의사월은가고오월이돌아와도
나를저미고간탱크의캐터필러유월이돌아와도
이젠눈물이있어야말이지.
피가심장이있어야말이지
세계의하수구(下水口)이누더기강산을벗어나서.
이고난의검은비늘돋친역사(歷史)를벗어나서.
차라리브라질로이민을갈까나.
사철평화와꿀이흐르는옥토로갈까나.
그러나나는이땅에묻혀야썩기라도할.
아니좀더욕심을내자면꽃필씨앗인걸.
보이지않는땅속에묻혀썩을것을다짐한다.
나는내죽음을뚫고다시탄생해야겠다.

방(房)

1

결국 문 닫고
방(房)속에 혼자 있는 게 제일이다.
그러나 그것을 깨닫기 위해서는
한바탕 가시밭을 휘젓고 돌아와야, 눈물 돌아오듯
이 마음 공동(空洞)에 울리는 메아리 ……

다 썩어 가는 고목(枯木)의 혀끝에도
몇 마디 말은 살아
빛을 터뜨리며 움트고자.

이런 때 내 안의 사막(沙漠)은 서걱인다.
그 안에 박힌 기억의 뿌리가 백열(白熱)하다 못해
눈부신 빛을 뿜기 때문이다.
천년 묵은 고목에 새 눈이 트이는 기쁨,
나는 이런 때 행복한 것이다.
가장 젊고 씩씩한 신(神)처럼.

2

허나 또 상기한다. 이 방(房)안에서

나는 얼마나 보이지 않는 독수리에게 간(肝)을
쪼아 먹혔던가를, 백지(白紙)의 냉혹 앞에
나는 또 얼마나 엎질러졌던가를.

말을 잃으면 나는 미라(mirra),
쭈글쭈글한 주름 그대로 추악한 껍데기,
쓰레기통에나 굴러 있을 공허한 술병,
아니면 바위 저주 받은, 깨질 수조차 없는
공포의 바위, 그 최후의 붉은 화염 속에
온 우주(宇宙)가 타버린대도 그냥 그대로
공중에 남아 있을 지독(至毒)한 바위.

3

피와 눈물조차 허옇게 말라붙는 시대(時代)의 거리,
기계는 소음을, 소음은 대낮에 어둠을 낳는 거리.

가로수마다 날아드는 것은 황금의 새 아닌
지폐의 가루, 쏘이면 눈이 머는 먼지 가루이다.

넋 속에 불을 지니지 않은 사람은 누구나
길을 잃으리, 눈 속에까지 스미는 어둠속에.

내가 휘젓는 가시밭은 그곳이다, 내안의 독(毒),
어둠을 잊기 위해 온통 어둠에 빠져본다.

머리끝까지 취기에 차서 나는 휘젓는다, 불 꺼진
팔로. 어둠은 허갈(虛喝)을 그리고 허갈은 어둠을 낳을 뿐.

거리 한 끝에서 한 끝을 오고 간다, 몇 번이고……
마침내 밤눈에도 소금이 말라붙은 거리가 뵐 때까지.

4

결국 문 닫고
방(房)속에 혼자 있는 게 제일이다.
그러나 그것을 깨닫기 위해서는
번번이 가시밭을 휘젓고 돌아와야, 눈이 트이듯
이 마음 공동(空洞)에 떠오는 달무리……

나는 미소한다 바로 이곳이 무중력상태임을.
나는 우주인, 보이지않는 신묘한 바람이다.
둥둥 공중을 떠다니는 책 속에서
활자(活字)는 나와 멋대로 별빛 원무(圓舞)를 추고,
천도연적(天桃硯滴)에선 영감(靈感)이 샘솟는다.
염주는 티끌이고, 티끌은 빛.
책상은 연기이고, 연기는 책상.
벽은 있다가도 없어지고
없다가도 홀연 제자리에 돌아와 있다.
천정에 붙은 연필 끝에서 별이 생겨난다.
종이는 만졌더니 나비가 되고
나의 두골(頭骨)에선 어느새 이상한 선인장(仙人掌)이 돋더니만

순백의 꽃송이를 열었다.

5

방(房)은 나의 캡슐, 별과 별 사이를 떠돌아다니는.
방(房)은 나의 요람, 이승과 저승을 수시로 넘나들며
　　　목숨의 자양을 섭취하는.
방(房)은 나의 자유, 나와 시공(時空)이 더불어 하나되는.
방(房)은 나의 구속, 배를 바닥에 깔고 뭉개거나,
　　　무겁고 괴로운 바위가 되는.
방(房)은 나의 무덤이자 토치카, 나는 그 안에서
　　　무시로 죽었다간 무시로 살아나서
　　　뭇사람이 더불어 사는 속에 내던져진다.

방(房)은 시발이자 종점이다.
방(房)은 영원한 순환을 위해 있다.
아니 방(房)은 어쩌면 없는 것이다.
안과 밖이, 나고 드는 것이 없는 것이라면.

지금은 잃어버린 시인의 초상

배경엔 늘
고대(古代)의 인도풍(印度風) 구름이 뭉게뭉게
일고 있었다. 주황빛인가 하면
초록빛 구름들이. 팔짱을 낀 채
미동도 않고, 검은 셔츠의
시인은 미소를 머금고 있었다.
그런데 그에겐 하체가 없었다.
그의 가슴 바로 아랜
늘 출렁이는 검푸른 바다,
때로는 휘황한 영감의 바다,
빛과 어둠, 황홀과 오뇌의
양극을 가득히 천변만화하는
바다가 있을따름. 문득 반인(半人)
반신(半神)을 생각했다. 더구나 내가
마지막 그 초상을 보았을 땐.
그의 가슴 아래 바다가 온통
불길로 화했었다. 세상의 온갖
피와 눈물과 한숨과 기름땀이
범벅이 되어 타면 그렇게 될 것인가.
무섭게 타오르는 불길의 사이
시인은 태연히 이맛살 하나

찌푸리지 아니 하고 그 불길을
누르고 있었다. 화안한 미소로,
천상 천하에 번지는 미소로,
불길이 스러지자
허나 거기 시인의 모습은 없었다.

고뇌와 황홀

갑자기 내 안을 채우는 독. 눈먼 탁주처럼
세포 알알이 음습해지면 이 몸엔 온통
검은 저승의 비늘이 돋친다. 절로 놓이는
갈지자(之字) 걸음. 그 발자국은 짐승의 것이다.

어둠은 내 안에서, 내 오욕(汚辱)의 밑뿌리에서
치밀어 올라 동공을 뚫고 사방에 흩어진다.
콧구멍이나 손가락 끝에서도 그것은 함부로
쏟아져 내려 나는 마침내 시꺼먼 탁류.

나는 어제의 기억을 잃는다. 탁류가 빠진 곳,
밝고 순수한 빛의 충만 속에 샘솟는 희열이여.
이승과 저승을 더불어 버린듯 탈락(脫落)한 심신.

천상의 못에 솟은 나는 연꽃인가.
석불의 미소인가, 영겁을 두고 꺼지지 않을.
시작도 끝도 없는 한줄기 흐름. 거울.

비 사이로 지나가는 외 4편

김 지 향

비가 폭포처럼 쏟아진다
하늘 귀퉁이에 걸어놓은 사람들의 눈물항아리가
일시에 넘쳐난 듯 얼키고 헝클어져 비는
비를 신고 달려간다
폭포 보다 더 폭포 같은 바람이
세상 바위에 부딪혀 깨지는 소리 뒤에서
그물을 들고 세월을 건져 담는 사람의 귀엔
자꾸 바이올린소리만 담긴다
바위를 치고 가는 바람 속에서
바이올린소리를 건져낸 사람의 가슴엔
뼈 속으로 흐르는 세월의 울음소리
폭우를 휩쓸고 가는 바람 같은 세월이 우는 소리
그 소리가 우리들 가슴에서 나는지 우리는 모두 가만히
가슴에 귀를 대고 들어볼 일이다
심장이 뛰는 소리 사이로 우리가 버린 등대 같은
그 세월의 얼굴이 동동 떠오름을 보리라.

바람은 풀 등에 업혀 잔다

풀밭 속에서 풀밭을 본다
덜 푸른 풀밭이 짙푸른 풀밭을 이고
그네를 타고 논다

멀리 바다 건너 마을을 감싸고 있는
가로등도 풀물이 들어 파랗게 살아난다
이 아침을 가로지르는 녹두새 몇 마리
하늘에 닿지 못한 낙오공기를 흔들어 깨운다

오늘은 어떤 안부가 날아올까
하늘의 신호음을 기다리는 사람들
저마다 반짝이는 눈으로 귀를 열고
하늘의 지시를 귀로 받아 적느라 부산떤다

가슴을 열고 오지랖 귀퉁이에 끼적여 넣는
부스러기 말들은 오랜 소망의 낙수는 아닐는지
오래 전에 하늘로 띄운 꿈의 답신은 아닐는지

(사람들이 몰래 다지는 피멍든 약속처럼
바다 건너 마을의 가로등도 먼 날 어느 별이
흘린 상처의 열매인지 아침내 파랗게 눈 뜨고 있다)

풀밭의 풀들은 아침부터 위안의 노래를 퍼 올린다
풀의 깊은 가슴을 열고 말총벌, 모시나비, 풍뎅이, 베짱이들이
톡, 톡, 톡, 초롱꽃, 팬지, 제비꽃, 씀바귀, 붓꽃, 괴꽃, 매발톱,
잡히는 대로 머리끄덩이를 끌어내 풀밭 가득 펼쳐놓는다

하늘의 발치까지 갔다가 낙마한 절뚝발이 낙오바람은
하늘 가는 휠체어가 올 때까지 풀이 자아내는 푸른 노래를
타고 만발한 꽃밭 속 풀등에 업혀서 숨죽여 잔다

과속 운행 중의 환상 하나

(어느 날 그곳으로 전송된 나는
뼈 뿐인 산호 줄기들이 하늘로 줄기차게
뻗어 있는 미래관에서 컴퓨터가 찍어낸
뻣뻣한 키다리 복사 인간을 보았다)

내 몸이 갑자기 메밀묵처럼 으스러진 날
몸 속 의식 속 영혼이 시한폭탄처럼 터져
그 곳으로 날아갔다
과거 속에서 자란 키를 이끌고
과거 속에서 먹은 나이를 이끌고
과거 속에서 내지른 소리를 이끌고
과거 속에서 흘린 눈물을 이끌고
과거 속에서 날린 웃음을 이끌고
눈물 속에 잠긴 사랑을
웃음 속에 묻힌 젊음을
내 영혼의 카메라에 잡힌 모든
기억의 입자들을 움켜쥐고
지독하게 빠른 속력으로 달리는
공기열차를 타고 하늘도 안 보이는 블랙홀
지독히게 어둑한 그 미래 터널을 뚫고 나갔다
빛이 소나기로 퍼부어 하얀 백지가 된
세계, 거리엔 검은 먼지가 나불거리지 않는
대리석 베란다엔 빛으로 키운 보석꽃들이

팔랑팔랑 손을 흔드는 눈 시리게 낯선
세계, 키다리 뻣뻣한 다리의 복사인간들이
재빨리 찍어내는 연습지의 세계
아직 시간이 안 된, 함부로 벗긴 장면들을
한 장 한 장 눈으로 겪으며 바로
실습장으로 뛰어들 순간
나는 생각에 잠겼다

만일 내가 돌아가지 않을 때
의식의 입자들이 제각기 흩어져
제 갈길로 갔다가
다시 몸으로 모여들지 않을 때
나는 몸만 과거 세기에 두고
영혼 홀로 미래 세기에서
무섭게 위험한 속력의 PC 통신을 타고
복사인간 속을 들락거리며
영영 돌아서지 않는 분리된 삶을
새로 시작해야 할까
눈 앞이 너무 부셔 아찔한 찰나
나는 과속 운행 중인 환상에서 그만
찰칵 빠져 나왔다
아, 신나는 날이었다.

한낮이 켜져 있는 방

왜 안에서 밖으로 공기가 밀려 내리는지
왜 안에서 공기가 자꾸 생겨나는지
알 수 없었다

둥근 벽엔 자잘한 개똥벌레가 되다가
불똥이 되어 어지럽게 날다가 저절로
없어지는 하얀
방울 무늬가 붙어 있었다
밀리는 공기 안쪽에 폐만 커다란
사람의 키에 따라 졸아들기도 늘어나기도 하는
고무의자가 팔다리 내려놓고 자고 있었다
의자를 힐끔힐끔 눈 흘기며 그는
파랗게 성난 글자를 문신처럼 찍어내는
컴퓨터 속에 들어가
누가 창 밖에서 원격조종 안테나를 꽂아 놓고
보아주기를 희망하며
뛰어가는 글자의 행간을 자주 뒤적거렸다.

언제나 단순한, 백색공간을 더욱 백색이게 하는
형광등이 눈을 크게 뜨고
도토리처럼 굴러 떨어지는 글자를
글자의 몸 구석구석을 비춰주고 있었다
새파란 힘줄까지 투명하게 드러나는

글자
그들은 탁본이 아닌 자동 팔다리였다

밖에선 글자의 자동 팔다리에
사람들의 시신경이 꽂혀 있는 듯
안테나 파장이 한 번 흔들렸다
(그의 생각일 뿐이지만)
하늘이 가로 누운 옥상의 다락방
가끔 엘리베이터가 날아오르는
날갯짓 소리 목청 높이 울었지만
인기척은 다락방을 지나쳐 갔다
(사람들은 왜 지나쳐버릴까)

컴퓨터가 숨을 멈추고 잠만 잘 때도
방 안은 구석구석 빛으로 가득 찼다
햇빛이 오지 않아도
녹슨 공기가 없는 새파란 방
전기 검침원이 공기를 빼내가도
글자에서 자동으로 공기가 생겨나
빛을 복제해 내는 방
안에서 밖으로 공기를 내보내는 방
언제나 환한 한낮이 켜져 있는 방
혼자서 그의 두뇌를 키우는 컴퓨터를
많은 사람들이 보아주기를 희망하는
그의 다락방

그 방이 오늘도 거기에 있을까.

위험한 외출

나는 오늘도 육체의 집을 떠나 잠시
자유로운 외출을 한다

욕망의 누더기를 모두 쏟아버리고
(공간의 문을 여는 열쇠만 가지고)
육체의 문을 나서면
흰빛으로 갈아입은 나무들이
하얀 길이 되어 깔린다

한 벌의 세상 끝자락 옷섶을 열면
바람도 수직으로만 일어나고
수직으로 열린 백지의 공간으로
화살 처럼 빠져나가는 시간의 발이 보인다

시간의 등을 타고 달리는
내 머리 위 낮게 뜬 해가
내 머리에 탁, 탁 못질을 하고
내 머리에 숭, 숭 구멍을 내고
내 머리에 쏴~쏴~ 빛을 쏟아넣는다

잎사귀 하나도 정물이 되지 않는

모두가 빛에 들려서 날아 다니는 공간
나도 한 송이 물 마른 잎사귀로 날다가
완전 자유의 무차원 속으로
완전 자유로워지려는 순간
나는 또 팽팽한
나의 육체에게 멱살을 잡혀
(아직도 내 심장 일부는 빛에 꿰뚫려)
지상으로 추락한다

나의 육체는 나에게 속삭인다
"위험한 외출은 한 번으로 끝내야 해."

세월 속 돌멩이 외 4편

李姓教

적막강산이다

아무 묻는 사람 없다
아무 대답하는 사람도 없다

그러나 먼 눈으로는
세상이 꿈틀거리고 있다

원래 산중 속
귀한 몸이었지만
천둥 번개 속에 쪼개진 후로는
모든 것 깎이고 고운 몸으로 살았다

세월 속 돌멩이
그저 아무 눈 없어
아무 숨소리 없어
바보처럼 길게 살았다

그러나 천지가 캄캄했을 때는
몸을 되살려 새 꿈을 꾸었다.

밤에 피는 말

문득 걷다가
입에 감도는 말

색깔이 붉으면서도
독기가 없었다

입술에 조금 떠올릴수록
씨 없는 열매되어
호올 날아갔다

문득 날씨가 달라지더니
새로운 기와집이 들어섰다
골목도 보였다

아이들이 달아나며
가벼이 뿌린 말
빈 나뭇가지에 하얗게 걸려 있다

주로 밤에 피는
이상야릇한 말이었다.

욕소리 미학(美學)

네 살과 내 살이
닿아 붙을 때
그 말은 하얀꽃이 되었다

서로 마음을 하나로 얹을 때
온기가 퍼지고
새로운 마을이 들어섰다

비 오는 날
우울한 마음으로
벽을 향해 드러누웠을 때
저절로 붉은 말이 튀어나왔다

하나 냄새가 나지 않았다
다만 흙냄새가 날 뿐이었다.

눕실이의 고백(告白)

누워야만 세상이
잘 보였다

눈을 빠끔히 뜨고
흙벽을 바라보면
온갖 그림이 지나갔다

어릴 때 이야기가
아랫목에서 짤짤 끓었다

큰 거랑가
바람소리 잘 내던
백양나무와
넓은 장광과
북으로 끌려가던
황소도 보였다

그럴 때마다
앞 바다가 쳐 들어와
마음을 둥둥 뜨게 했다.

* 거랑 : 강원도 삼척 지방에서 개울, 시냇물을 일컬음.
* 장광 : 강원도 삼척 지방에서 강변의 넓은 곳을 일컬음.

인사동(仁寺洞) 골목

인사동 골목에선
바람이 오른다

정치 얘기도
예술 얘기도
모두 다 노랗게 익는다

그냥 한없이
길이 펼쳐져 있는 것이다

행여나 그 사람이
뽀오얀 안개 속에서
고개를 들고 올까

노오랗게 물든 은행나무가
오히려 괴물스럽다

그 옆에서 점쟁이도
잠들고 있다

그렇게 한가하다가도

귀한 사람 올 경우
하늘에는 무지개 선다

처음으로
서울의 깃발이 좁은 골목에
높이 오른다.

대폿술, 폭탄주 외 4편

최 승 범

오는 바람소리
가는 물소리도 없는
훔쳐 낼 땀도
굼니는 운(韻)도 없는
빚은 술
익은 술 아니면
없었어라
대폿술

울소리 솔바람소리
땀도 운도 쓰잘데 없다
한바탕 후끈한 것
방자고기면 그만이다
세상 꼴
무슨 상관이랴
어울려라
폭탄주

망둥어가 뛰니까

바깥 시새움에
안을 볼 눈이 감긴 게지
— '망둥어가 뛰니까 골뚜기도 뛰더라고'
사람들
그래 웃음 짓자
덩달아 저도
웃는다
골뚜기질하면서
남의 일 비웃는다
— '망둥어가 뛰니까 골뚜기도 뛰더라고'
사람들
저 받을 골뚜기질을
저 모르고
웃는다

모르면 약, 아는 게 병

모르면 약이랬다
아는 게 병이랬다
어느 때 이야긴가
어느 경우 이야긴가
요즈막
세상 돌아가는 꼴
참 모르는 게
약 되네

어디 좀 들어보자
소용돌이에 귀 세워 보면
원 그럴 리가
속내 짚어 따져 들면
요즈막
세상 돌아가는 꼴
참 아는 게
병 되네

오리발

미치지 못하는 상상
나가지 않는 추리
때로 만나면
어리둥절이거니
— '오리발'
이 한 말에도
셈이 서지
않는다

— '오리발을 돌렸다'
— '오리발을 뿌렸다'
분명 구린 냄새련데
왜
— '오리발'
일까
저 때의 '떡값'과는 또
어떤 셈이
다를까

알쏭달쏭인데
— '내돌린 오리발'

— '뿌린 오리발'
물갈퀴질이었다면
물여울
돌고 도는 게
지천인가
지화자구나

지랄

입버릇 되겠네
불쑥불쑥 튕기쳐나와
— '지랄하네'
— '발광 네 굽질 하네'
세상 일
넘기면 될텐데
— '지랄하네'
이 버릇
언제부터련가
이도 병짓이렸다
낙낙하지 못해
몸에도 해로우렸다
창 열쳐
먼 산 구름에나
띄워야 할
이 버릇

길 없는 길 외 4편

임 보

강물 위에 앉았다가
일제히 하늘을 향해 날아오르는
수천 마리 철새 떼들의 일사불란
그들은 길 없는 허공 길을 평화롭게 날아
그들의 고향에 이른다

바다 속을 헤엄쳐 가는
수만 마리의 물고기 떼들
어떠한 암초와 수초에도 걸리지 않고
수만 리 길 없는 물길을 거슬러
그들의 모천에 닿는다

그러나
이 지상에 수천만의 길을 만들어 놓고도
제 길을 제대로 찾아가지 못해
좌충우돌 피를 흘리며 주저앉는 사람들
그들은 고향도 모천도 못 찾고 허둥댄다

길이 없으면
세상이 다 길인데
사람들은 길을 만들어
천만의 길을 다 죽인다

눈부신 귀향

봄이 되면 꽃들은 용케도 제 집들을 찾아 피어난다

보라,
노란 개나리꽃은 어둠의 흙 속에서 헤매고 다니다 봄이 되면
가는 개나리 뿌리에 스며들어 언 개나리 줄기를 녹이며 타고 올라
작은 꽃눈의 창문을 찾아 열고 활짝 밖을 내다보지 않던가?

분홍의 진달래꽃은 진달래 제 번지를
노란 민들레꽃은 민들레 제 번지를
해마다 찾는 제 집들을 놓친 적이 없다

백목련은 백목련 가지에
자목련은 자목련 가지에
더러 바뀔 만도 한데 엇갈린 적이 없다

술 취한 사람들은 한밤중에 가끔 제 집 찾기가 헷갈려
남의 집 초인종을 누르다 낭패를 당하기도 하는데
꽃들은 그런 일이 전혀 없다

연어가 먼 대양을 떠돌며 살아가다
씨를 뿌릴 때가 되면 수만 리를 거슬러 그의 모천을 찾아가

거센 물살을 헤쳐 오르며 맑은 자갈밭을 열고 알을 낳듯이

수만 가지 나무의 영혼들도
지하의 어둠 속을 떠돌며 헤매고 다니다가도 때가 되면
제 고향 나무들을 찾아 그처럼 눈부신 회향을 한다

사람들아, 저 가지마다에 얼굴 내밀고 있는 화사한 귀향들을
벌 나비들이 얼마나 찬양하는지 보지 않았는가
머지않아 주렁주렁 그들의 고운 씨가 매달릴 것이다

손의 행적

어떤 손은 계산기를 두들기고
어떤 손은 목탁을 두들긴다

칼과 창을 벼리는 손도 있고
삽과 호미를 빚는 손도 있다

한때는 화투를 쥐던 손이
한때는 붓을 잡기도 한다

올무를 놓는 손도 있고
오라를 푸는 손도 있다

진주를 찾으려 시궁창을 헤집기도 하고
목숨을 걸고 폭탄의 뇌관을 열기도 한다

밤에는 은밀한 살을 더듬던 손이
낮에는 거룩한 경전을 펼치기도 한다

움켜쥔다

입들은 먹이를 움켜쥐고
수컷은 암컷을 움켜쥔다

몇 푼의 돈을 움켜쥐기 위해
사람들은 또 얼마나 혈안인가?
하기사
세상의 모든 것들은 다 움켜쥐고 있다

노른자와 흰자를 움켜쥐고 있는 둥근 달걀
검은 씨와 과즙을 움켜쥐고 있는 빨간 사과

길가에 놓인 한 덩이 돌도
얼마나 힘껏 움켜쥐고 있는가?
단단한 정(釘)으로도 우리는
그의 손을 펴기가 쉽지 않다

삶에 관한 물음

어떤 이는
세상을 등지고 깊은 산골에 들어가 산새들의 울음소리나 듣고
산나물이나 씹으며 조용히 살라고 한다

어떤 이는
호숫가 풍치 좋은 곳을 찾아 정자를 세우고
낚싯대나 드리우고 시나 읊조리며 한가하게 살라고 한다

어떤 이는
거친 세상에 나가 수많은 사람들과 부대끼며
세상의 달고 쓴 맛들을 다 맛보며 살라고 한다

어떤 스승은
능력이 소중하니 배우고 익혀 힘을 기르라고도 하고
어떤 친구는
재산이 소중하니 많은 돈을 모으며 살라고도 하고
어떤 선배는
사람이 중요하니 좋은 이웃들을 많이 만들라고도 한다

도대체
어떻게 살아야 하는 것인지 묻고 다니다
어느덧
한평생 다 보내고 말았다

만월 외 4편

김 석 규

홍부네 집 가는 길이다
외나무다리 조심스레 건너는 보름달
그만 발을 헛디뎌 풍덩 빠졌다
소리 듣고 달려나온 홍부네 식구
앞 다투어 허겁지겁 물로 뛰어들어
둥그렇게 둘러 앉아 베어먹고 있다
깐깐오월 보리가을 아직 멀었는데
오늘도 매품 팔고 돌아온 홍부
노릇노릇 잘 구운 봄보리 개떡
마당가에 식구들 모두 나앉아
한입 가득 볼이 터지도록
배불리 먹는 날은 그믐께이다

어부의 바다

바다를 밀고 나간 항적 하얗게 일어선다
청람빛 파도의 군단을 데불고 온 심해여
해바라기 시계바늘 따라 천일염을 굽고
육중한 바다를 인양해 온 어부는 그물을 깁는다
균열의 바다와 바다 사이를 힘껏 잡아당긴다
갈기 헝클리도록 얼룩말이 달아나는 방파제
아득한 해리 촘촘히 그물 사이로 썰물질 생애
거친 노역의 하루도 바다 없이는 잠들지 못하는
목숨 건 갈매기 날갯짓으로 걷어올리는 투망질
도주하는 수평선을 잡아와 바다를 매립한다

밤안개

벌레소리 떼로 몰려와 가득하다
시계 영점지대에서는 연막 소독 중
연인들은 사랑의 사실관계를 확인하기에 바쁘고
실종자의 얼굴엔 영원한 가위표가 채워진다
검은 물체가 불쑥 나타났다간 사라져버리는 거리
경찰서도 뒤로 나앉아버리고
검찰청도 법원도 꼭꼭 숨어버리고
앞을 막아서는 것들뿐인 기진맥진한 삶
벌써 몇날 며칠을 먹는 것도 접어버린 채
맨 땅바닥에 퍼더버리고 앉아 농성하는
더는 버틸 수 없는 축축한 게단 아래
아귀 센 불빛마저 여지없이 젖어내리고
속 태우며 기다리는 사람만 잠을 설칠 뿐
가다가 무슨 생각에선지 문득 돌아서는
그림자 하나 뿌옇게 삼투되어 흩어진다

가을 수상

아침에 가을의 기척을 들은 말은 청천을 향해 소리친다
물소리는 더 키를 낮추고 나무는 우듬지에 바람을 게양한다
단물 머금은 햇살 시방 금빛으로 타고 있는 과수원 언덕
눈썹 가벼운 영혼이 맑은 새들은 서쪽으로 날아간다

가을에는

가을에는 낙엽 위에 편지를 쓰려네
하늘 저 먼 끝까지 저무는 사랑으로
바람에 날려가는 낙엽은 추억도 곱게 물들어
서리 긴 사연마다 붉은 강물은 흐르네
엽맥에 말갛게 스며든 한 해의 단풍
아직도 남아 있는 체온으로 낙엽은 따뜻하네
홀로되어 불빛 멀리 가도록 심지 돋우고
철새 날아오는 소리에 잠 못 이루는
가을에는 낙엽 위에 편지를 쓰려네
그리움을 아는 사람만이 받을 것이네

아직도 분노할 시간은 남아 있다 외 4편

범 대 순

아직도 분노할 시간은 남아 있다. 하늘의 전천후를 흔드는 분노에 대하여 분노할 시간은 남아있다. 뒤집히는 땅의 천연색을 향하여 분노할 시간은 남아있다. 바다의 프리즘을 죽이는 분노에 대하여 분노할 시간은 남아있다.

아직도 분노할 시간은 남아 있다. 히말라야의 반란을 향하여 분노할 시간은 남아 있다. 아라비아 사막의 모래를 향하여 분노할 시간은 남아 있다. 달리다 서버린 장강을 향하여 분노할 시간은 남아 있다.

아직도 분노할 시간은 남아 있다. 그리스의 이카루스를 향하여 분노할 시간은 남아 있다. 아메리카의 바벨탑을 향하여 분노할 시간은 남아 있다. 아프리카의 검은 색을 위하여 분노할 시간은 남아 있다.

아직도 분노할 시간은 남아있다. 버려진 마을이 분노할 시간은 남아 있다. 빈 동네 앞 장승이 분노할 시간은 남아있다. 고샅길 시멘트 위에 개똥들이 분노할 시간은 남아있다. 비닐하우스의 자살이 분노할 시간은 남아 있다.

아직도 분노할 시간은 남아 있다. 피하여 산에 올라 모둠 숨을 쉬면서 분노할 시간은 남아 있다. 산골짜기의 침략을 향하여 분노할 시간은 남아 있다. 하늘 우러러 푸른색을 향하여 분노할 시간은 남아 있다. 광란하는 잡초를 위하여 분노할 시간은 남아있다.

아직도 분노할 시간은 남아있다. 백두산 천지를 향하여 분노할 시간은 남아 있다. 고구려 백화를 위하여 분노할 시간은 남아 있다. 반도의 땅끝을 향하여 분노할 시간은 남아 있다. 지리산 고사목을 향하여 분노할 시간은 남아있다.

아직도 분노할 시간은 남아 있다. 더운 여름을 못다 한 매미의 죽음에 대하여 분노할 시간은 남아 있다. 가을 날 상자 안의 벌집을 향하여 분노할 시간은 남아 있다. 21세기의 쓰레기를 위하여 분노할 시간은 남아 있다.

아직도 분노할 시간은 남아 있다. 정면 돌파 형 수염을 향하여 분노할 시간은 남아 있다. 못다 한 기승전결에 대하여 분노할 시간은 남아 있다. 창백한 헛소리를 향하여 분노할 시간은 남아 있다. 불타고 싶은 석양을 향하여 분노할 시간은 남아 있다

형이상학적 분노
— 김성곤에게

무등산 규봉 절벽에 열린 고드름에게
아니게 푸른 겨울 하늘을 물었다
단군 할아버지에게 그 것을 묻듯
아프리카 검은 빛에게 그것은 묻듯

붉게 소리하는 산새에게 물었다
암자 꼬리가 엷은 목탁에게 물었다
분노하고 광란하여야할 까닭이
다만 봄이고 가을인 까닭이 무엇인가.

봄에는 진달래꽃 겨울에 고드름꽃이
늘 가도 규봉 가파른 곡예는 아름답다.
예수 그리스도의 십자가가 그렇듯
한반도 우리의 고단한 역사가 그렇듯

높고 푸른 하늘의 까닭이 분노이듯
밤에 은하수 별의 까닭이 광란이듯
사람의 까닭 꽃의 까닭 짐승의 까닭이듯
겨울 무등산 규봉 절벽에 분노가 있었다.

햇살이여 뼛속까지

눈이 쌓인 깊은 골짜기에 산새가 한 마리 부엉이처럼 부푼 몸을 떨고 있다. 그 옆에 가벼운 눈사태가 일어나고 햇빛이 금속성으로 사각을 긋는다. 그대로 눈 위에 드러누워 우리는 봄을 불렀다. 하얀 준령을 메아리가 몇 폭이고 굽이친다. 빨간 산새가 갑자기 꼬리를 쳐들면서 고운 목소리로 짜르르 짜르르 하고 두 번 울었다. 왜 그것이 두 번만 울다 말았는가. 몹시 아쉽게 생각하면서 우리는 봄의 찬란한 충격을 기대하였다.

꽁꽁 얼어붙은 것 알로 무엇인가 흐르고 있는 것을 발견한다. 우리의 안에서도 끊임없이 흐르고 있는 똑같은 저 무엇인가 순수한 언어. 실로 우리의 바로 심장 속에 흐르고 있는 무한한 순수를 누가 가로막는가. 기가 오른 눈빛을 받고 얼음이 짝하고 갈라진다. 그때 산새가 또 한 번 맑은 목소리로 운다. 우리는 봄의 찬란한 충격을 환상하였다.

많은 사람들이 동행하였는데 우리는 서로 말이 없다. 엄청난 자연의 침묵을 모방한다고 서로 생각하면서 우리는 한없이 걸어야 한다. 누구의 발자국을 모방하는가. 어디론가 자나갔을 발자국이 지워져버렸구나. 발자국이 지워져버린 앞서간 사람들, 누군가가 지워버린 발자국을 더듬으며 혹은 그것을 그리면서 빨갛고 또 파랗게 새로 딛고 가는 우리의 발자국, 그것은 따라오며 누가 봄의 찬란한 충격을 느낄 것인가.

새의 노래는 모방하지말자. 왜냐하면 그의 노래는 울음이기 때문. 한두 마디 따라하다가 그의 울음에 홀리면 누가 우리의 울음을 멈추게 할 것인가. 산보다 강보다 높고 떠 깊은 우리들 새의 울음소리를 누가 멈추게 할 것인가. 새는 우리의 언어로 울기 때문에 깊고 또 높고 하여 사연과 명암을 빛깔 지우며 우리의 어제와 오늘을 울고 간다.

그러나 새의 울음 속에서 봄의 찬란한 충격을 어느 대지가 지진처럼 떨면서 맞을 것이니, 그 피나는 울음 속에서 새는 노래와 기쁨을 이내 토하게 되리라는 신화를 우리는 믿기로 하자. 삼하도 가고 태열도 가고 일송도 가고 모두들 갔다. 그러나 그들처럼 가지 않았어도 그들처럼 늘 가버린 사람들, 살다 죽고 죽은 뒤 이내 살아나는 계절처럼 그들도 다시 살아날거나. 가을에 낙엽처럼 만세를 지우면서 무거운 팔이 낙하한 공간을 마음속에 어떻게 찾아 담아 볼거나. 어떤 유리를 쓰면 한번은 찬란하였던 공간의 지워지지 않는 무지개를 가리킬 수 있을 거나. 영원히 전설 속에 묻어버린 유리의 색같이 먼 훗날 누구의 꿈속에 다시 살아 무지개로 산과 강을 이을 것인가.

산새가 운다. 무등산 산새의 울음소리는 목이 쉬었구나. 산새야 산새야 봄의 찬란한 충격을 울어다오, 사각을 긋는 햇빛의 금속성을 울어다오. 몇 폭이고 굽이치는 하얀 준령의 메아리를 불러다오. 우리의 심장 속에 울리고 있는 순수의 언어를 깨우쳐다오. 동행하면서 서로 말이 없는 우리의 엄청난 침묵을, 지워져버린 발자국을 얼어붙은 알로 끊임없이 흐르는 물소리를, 낙엽처럼 만세가 지면서 긋는 공간을, 우리의 무지개를, 우리의 꿈을 울어다오

나의 비교 비교(秘敎)

— 선윤에게

사랑하는 사람에게서 애기 하나를 얻어 흙 위에 풀어놓는다

울과 거리를 벗어나 도시와 먼 넓은 땅을 택하여 벌거숭이로 흙 위에 던지면서

하늘이여, 사랑하는 생명을 흙과 닿게 하였습니다

흙과 만남으로 하여 이 애가 흙과 더불어 살며 깨어나리라 믿습니다

이 애기에게 어려움을 주십시오, 개똥밭에서 자라게 하여 검게 일어서게 하십시오

흙을 버리지 않게 하십시오, 비록 괴로움이라 하더라도 비록 외로움이라 하더라도

내가 한줌의 흙이듯이 진실로 나의 생명인 애기가 또 검고 아름다운 흙이게 하십시오

의식이 진행되는 동안에 비교의 가르침을 받으면서 애기는 크게 울었다

놀라움과 큰 울음을 통하여 흙과 하늘 사이에 비로소 애기가 서서 우리가 된다.

두개골

사랑을 다시 찾아가버린 사람의 뜻을
그대로 서가 한 칸에 달래어 앉히다.

계절의 유리문 안에
어이없이 장미의 줄기를 물고 있는

나의 앞서 또 누구였던가
우스운 세월을 사색한 빈 그릇

그 아가리에 아침 저녁 물을 갈면
장미는 어느 꽃항아리 위에서 보다 더 아름답다.

그 여자라는 나의 나무는 외 4편

채 규 판

햇빛이 유리 속으로 기어들어갈 때
당신은 나를 향하여 웃고 있습니다.
나는 그 앞에서 작은 벌레가 되지만
나무가 되는 나의 여자는
나를 바라보지 않았습니다.
사랑은 빼앗을 수 없는 빙판이라고 하지만
내사 햇살이 되어
그 여자의 앞으로 걸어갈 때
그 여자는 왜 내 곁에 머물러 있지
않는 것입니까.
바람이 불면서 노을이 밤 속으로 꺼꾸러지고 있습니다.
강폭을 갈라내는 동안
무수히 쏟아지는 건 별입니까
내 목숨입니까.
내가 그 여자에게 약속한 것은
내가 살고 있는 까닭의 전부이지만
그는 나에게 아주 작은
눈빛 하나조차 떨구지 않았습니다.

친구여,
그는 왜 나의 나무가 되어서
내가 보이지 않은 곳에서 있는 것입니까.

나는 왜 나무기둥처럼 서서
나무가 된 그 여자의 허상을
깊이 앓고 있는 것입니까.
내가 주섬주섬 옷을 주워 입을 때
그는 하나씩 옷을 벗어야 하는데
내가 미소를 흘리고 있을 때
그는 작약꽃처럼 뜨겁게 달아올라야 하는데
차갑게 내려다보는
그 여자의 발치에서
나는 떨고 있습니다.
새처럼 흔들리고 있습니다.

그 여자라는 나의 나무는 · 2

돌아와 주었으면 참 좋겠다.
반드시 오겠다고 손짓으로 약속했으므로
너는 돌아왔으면 좋겠다.

한 그루 풀포기여도 괜찮고
가령, 그 풀포기가 밑대궁까지 말라서
금방이라도 쓰러질 듯이
빈사의 몸으로 와도 좋겠다.

그 여자의 발걸음 소리가
나의 박동을 기름지게 할 수 있다면
그 여자의 한숨 소리가
나의 목숨을 조금씩 파먹어 간다고
믿을 수 있다면
그 여자가 웃는 웃음 속에 빠져서
까마득한 아픔을 쓸어 낼 수 있다면
철철 피를 흘리면서
나는 까마귀 울음보다
더 까맣게 타버려도 좋겠다.

아무나 손을 붙들고 흔들어대고 싶은데

엇갈리면서

부딪치면서 지나가고 싶은데
나의 여자의 손은 아무데도 있지 않다.

잡힐 듯 했는데
사라지는 것,
다룰 듯 했는데
놓쳐 버리는 것.
나무가 된 나의 여자는
제 홀로 나무가 되었고
나는 이만치 떨어져 있으므로
나의 여자를 만나지 못한다.

그 여자라는 나의 나무는 · 3

항아리를 들여다 본 사람은 알겠지만
그 여자는 꼭 항아리 같다.

항아리 속으로 들어가는 것은
먼지나 죽은 곤충이나
더러는 바람 같은 것이 있기도 하지만
한 이천 년쯤 된 하늘이
그 속으로 빨려 들어가기도 하지만
꽃배암처럼 발간 노을이 조금씩,
조금씩 젖어들기도 하지만
그 여자는 항아리와 닮아 있으면서
언제나 항아리와 떨어져서
웃고 있다.

몇 개의 눈물과
한 개의 웃음만을 가지고
나를 질식 시켜 버린
그 여자의 속살은 무슨 빛깔일까.

아마, 그 여자의 손톱 끝에 매달려서
노래 부를 수 있다면

나는 빨간 조명등 밑에서

발가벗은 미친 사람처럼
춤을 출 수 있으리라.

아름다움이여,
꽃이여
흔들리며, 흔들리며
용의 비늘처럼 쏟아지는
별빛이여.

그 여자는 흔들리지 않는 나무인가.
그 여자는 움직일 수 없는,
움직인 일조차 없는
바다의 깊은 속인가.

손바닥을 들여다보면
그 여자가 서 있는 자리가 보이는데
나는 늘 그 여자보다
먼 데 서 있다.

항아리 같은 우멍한 그 여자의
눈빛을 생각하면서
그 여자의 머리가 움직일 때마다

쏴아 쏴

흩어져 나가는
숨결 소리를 하나씩 주워 가면서

그 여자가 뱉는 기침 소리에
몸부림치며
목욕하면서
여자여,
나무가 되어 버린
나의 여자여.

나는 울고 서 있는가.
마치 네가 웃고 서 있는 것처럼.

도시의 새는

나는 매일 해를 맞는다.
빙빙 돌다가
나의 어깨에 앉기도 하고
왜 그런지 사무치는 소리를 내지르다가
솟구쳐 오르기도 하는
사람들을 만난다.
울지 않으면서
철철 피를 흘릴 줄 아는
나의 이 작은 친구가 까맣게 스친다.
어느 섬에서 뛰쳐나온 혹은 눈물을 비틀어버린
모가지가 다시 태어나서
나의 이 친구의 예쁜 소리가
따뜻한 흐름을 느끼지 못한다.
나와 더불어 걸어가고
나의 침상에 오르내리면서
새는 울고 싶은가.
나뭇잎 하나 두 개가 떨어지든 말든
삭막한 광장의 새는
의미와 그림자를 잃어버린
나의 친구의 손끝에 온 새는
걸음마를 배우듯
나의 품 속에서

잠을 자고 아침을 맡긴다.
뜰엔 언제나 새가 살고 있다.

삶도 삶이지만

쏟아지는 빗줄기에 환희를 느끼는 것처럼
모자란 슬픔이 있다.
눈빛을 갈라내면서
달려 나오는 환상으로
비바람의 환각도 있다.

말바퀴 잡아 흔들면서
몸부림치다가도
털썩 주저앉아 버리는
나의 마른 다리에
밤이 휘감고 있다.

피리가 있고
주막거리에 찾아드는
노랫자락이
등나무 밑으로 퍼지면서
옛날 옛날이야기는 널리
그렇게 사라져 간다.

잎이 지면서 넘어지며
실없이 웃으면서

바람을 튕겨내며

그렇게 비틀어진 손끝에
매일처럼 도로 감기는
나의 아침의 노래,
노래보다도 따뜻한 눈물이 좋은 끝마다
아무것도 풀리지 못한다.
한 그루의 마른 나무 끝에
나의 삶이 남았다.

하얗게 돋은 흐름 속에서
너는 한 줄기의 향수여라,

너는 아주 오래 전에
이슬되어
모든 것을 잊고 있다.

화관이다. 노을빛으로 내가 가는 곳마다
점화처럼 피어오른 꽃
너는 꽃을 지핀다.

신과 악마의 싸움터 외 4편

임 성 숙

도스토예프스키는 말했다

"날마다 신과 악마가 싸운다
그 싸움터는 사람의 마음이다"

맞는 말이다

그러나 나는 날마다 나에게 말한다

"악마에게 개방했던 싸움터
악마가 바라는 폐허가 되기 전에 내가 폐쇄한다"

싸움을 포기하는 것이 굴복이 아니다
계속 싸우는 일이 악마가 승리하는 일이다
싸움을 즐기는 악마를 슬프게 하기위해
내가 싸움에서 자유로워지기 위해

"내 싸움터를 회수하여 신의 전(殿)으로 내드린다"

신의 임재(臨在)는 나의 승리
내가 성전(聖殿)이 된다

슬픈 일

갑자기 어둠 속에 들어서면 눈이 먼다
눈 먼 채 한참 견디노라면
어둠에 눈이 익어 사물을 알아보게 된다

그처럼 우리는
못 견디는 소음에도 귀가 익고
숨 막히는 공해에도 코가 익어
우리들의 오관은
웬만큼 더러움에도 역겨움에도
차츰 길들어간다
다행한 일이면서 한편 슬픈 일이다

우리들의 영혼 또한
나태와 허영과 불의의 손발들과
차츰 타협해간다
참 슬픈 일이다

캄캄한 어둠에서
갑자기 강한 햇빛 아래 나오면
역시 눈이 먼다
너무 오래 어둠에 눈이 익으면

좀처럼 눈을 뜨지 못한다

어둠 속에 뜨는 눈보다
빛 속에 머는 눈은
정말 슬픈 일이다

여자 · 58

그가 불을 지피며 나를 춥게 하네
딸아이가 꽃을 피우며 나를 시들게 하네
형제가 나를 부축하며 넘어지게 하네
친구가 나에게 꿀을 바르며 방황하게 하네
뿌리가 흔들리기 시작하는 여자

그 여자의 바른손이 제 왼손을 배반하네
물구나무 선 여자의 심장이 제 눈동자를 감시하네
허전한 여자의 허파가 제 입술을 학대하네
절망한 여자의 쓸개가 제 간덩이를 고발하네

발칵 뒤집히는 여자
뿌리째 뒤집히는 해일

행복 통장

내 심신 우중충한 풍경화가 되어가고 있을 때
“딩동” 문자 메시지 들어온다

‘방금 싱싱한 행복 송금 했습니다
필요할 때 통장에서 인출해 쓰세요.’

우중충한 풍경화면 휙 회전하면서
환하게 웃음꽃밭 된다
당장은 찾아 쓸 필요가 없어졌다
행복 잔고 넉넉한 것만으로 흐뭇하다

오늘 뜻밖에 받은 행복 나도 적금 부어
만기 목돈 찾는 날
우중충한 심령 곤궁한 이들에게 몽땅 송금
즉시 문자 날려 보내리라

‘지금 그대 통장에 따끈한 행복 송금 했어요
언제든지 부담 없이 찾아 쓰세요.’

나는 우주

내가 울고 있을 때
산은 눈물이었다
눈물범벅인 산
나와 산은
눈물 속에 한 덩어리로
엉겨 있었다

내가 우울할 때
바다는 슬픔이었다
허옇게 거품 문 슬픔이 출렁이며
덮쳐오는 바다
출렁이는 슬픔 속에 몸을 섞으며
나와 바다는 침몰하고 있었다

내가 분노할 때
꽃도 적이었다
붉은 입술에 가시날 품은
장미와 나
마주 분노의 독 향기를 뿜으며
대적하고 있었다

분노의 독 향기에 내가 죽고
내가 웃음으로 다시 깨어날 때
세상은 눈부신 봄이었다
죽음의 얼음장을 녹인
내 영혼의 봄비가
생명의 푸른빛을 뿌리고 있었다

삼라만상
나는 우주였다

서산(瑞山) 사투리 외 4편
— 부처님도 바보스럽구먼

김 순 일

내 얼굴에는 늘 바보스럽게 헤에 웃는 웃음이 붙어 다녀서 사람 되기는 다 틀렸다고 한다 피사리를 가서도 피 대신 벼를 뽑아놓고 헤에 웃는다고 주인한테 퇴박맞고 이른 새벽부터 논두렁에 나와 웃는 그 웃음소리만 들어도 하루 종일 재수 없다고 사람들은 투덜댄다 막걸리 냄새만 말고도 절로 나오는 그 바보스런 웃음 때문에 술맛이 없다고 잘 끼워주지도 않고 초상집 시신 앞에서까지 웃는다고 빰을 맞으면서도 헤에 웃는다 병원엘 가보았지만 별 이상이 없다고 한다 어머니는 나를 데리고 절에도 갔었지만 헤에 웃는 나를 내려다보시던 부처님이 한바탕 웃어대더니 치성드릴 게 따로 있지 어서 가라고 한다

'무슨 웃음이 그렇지 부처님도 꼭 바보스럽구먼'

나는 시무룩한 어머니의 뒤를 따라 산을 내려오면서 별 희한한 일이라도 엿본 듯이 헤에 웃는다

갠지스강이 나를 토해낸다

갠지스강이 흙탕물 똥오줌물 피고름물 뼛가루물 벌컥벌컥 마시며 넘실넘실 흘러간다 타다 남은 시체도 다져 먹으며 흘러흘러 바다로 가서 세상 물고기의 바다가 되는 갠지스강이

나를 토해낸다

옷에 먼지 한 알갱이만 앉아도 톡톡 털어대는 문고리를 손수건으로 싸잡고 열어야 방안이 환해지는 내가 눈 똥에도 코를 막고 고개를 돌리는

나를 토해낸다

고대 굶어죽어도 비럭질할 수 없는 피가 도는 고깃살 한 점만 먹어도 두드러기가 이는 화냥년이란 말만 듣고도 사타구니를 싹싹 닦아대는

나를 토해낸다

갠지스강의 밥이 될 수 없는 나는 침을 퉤퉤 뱉으며 나를 데리고 하염없이 집으로 간다

부처바위에게

강천산 바위에 갇혀 사는, 부처라는 네가 소한 칼 추위 속에서 땀을 뻘뻘 흘리며 떨고 있구나

너의 이목구비 아직도 뚜렷해서 부처 되기는
너의 허벅지 아직도 튼실해서 부처 되기는
너의 척추 아직도 강직해서 부처 되기는
너의 살덩이 아직도 피둥피둥해서 부처 되기는

어제는 한지를 만나고 왔지

닥나무의 부리부리한 눈 떼내고 벌룽거리는 코 떼내고 재재발기는 혀 잘라내고 세상 바람에 기웃대는 귓바퀴 잘라내고 척추를 발라내고 마지막 남은 살덩이 까무러치게 패대고 한 점도 남지 않을 때까지 몽둥이질 해대고 허깨비 마음까지 투명한 물로 씻어 내버린 한지를 만나고 왔지

내일은 금강야차의 몽둥이를 데리고 와 바위를 부수고 너를 불 사르겠다 재도 남지 않게 지운 너를 한지에 그린 수묵 담채화의 여백으로 담겠다

현음당(玄音堂)

연꽃을 피워 올리는 연못 바닥을 파보았다 게 어둠의 뿌리가 있을 거라고 믿었다 진흙 바닥엔 빛의 뿌리만 얼기설기 어둠은 없었다 풍경소리 따라 날아가 본다 가도 가도 빈 하늘이다 나는 왜 어둠에 목을 매고 찾아다니는가 빛이면 안 되는 것인가 원효의 해골바가지 속에서 오줌물을 취하도록 마시기도 하다가 연암을 따라가던 어느 날 밤 객주 집 주모의 허벅지 사이에 코를 박고 자궁물을 쿨럭쿨럭 마시기도 하다가 세한도의 칼바람 끝자락 발바닥을 핥기도 하다가 몽유도원도 신선의 손바닥에서 비로소 어둠 한 자락 잡는가 하는 순간 새벽 절망의 태양 앞에서 길을 놓치고 말았을 때 우뚝 앞을 가로막고 선 현음당(玄音堂)일락사 현음당이 아찔하게 가로막고 있는 게 아닌가 현기증도 잠시, 노스님도 연꽃의 향기도 보살의 미소도 다 삭히지 못한 빛 한 올 끌고 되돌아 나오고 있었다 애초부터 어둠의 경전이란 놈은 없었던 것인가 어둠의 길을 찾아나섰던 나를 포기하고 터덜터덜 집으로 돌아왔을 때 집 나간 나를 기다리다 기다리다 오늘 새벽 눈을 감으셨다는 어머니

아, 어둠으로 누워 계신 어머니!

눈물이 부처인가

매일 새벽길을 쓸던 범종소리 흔적도 없이 하얗다
석천암(石泉庵) 오르는 소나무 숲 눈길
처녀 몸을 열고 들어간다
뽀드득 뽀드득, 교성이 탱탱하다
인동덩굴 파란 눈 말똥말똥 두리번두리번

산발치서부터 나를 따라 날아오는 하얀불꽃새
그 발자국에 고인 포도주빛 숨소리 포근하다

석천암은 없었다
깊이를 알 수 없는 새하얀 고요의 숨소리 뿐
범종도 목어도 석탑도 입 하얗게 떼고
부처라는 거 경전이라는 거 원래 없는 거라고
고개를 저으며 하아얀 고요 속에 든다

가랑이를 벌리고 또로록 쪼로록 또로록
바위 오줌 소리
네가 부처의 어머니?

나를 따라 포롱포롱 날아온 하얀 불꽃새
날갯짓에서 방울방울 울려오는

파란 풍경소리 따라 도비산 정상에 올라
부처의 몸을 양파껍질 벗기듯 벗겨본다
손바닥엔 구름의 터럭 하나 비치지 않고
눈물 몇 방울!

눈물이 부처인가

■ 편집후기

- 반년간지로는 두 번째로『형이상시학』 5호를 내놓는다. 아직도 형이상시에 대한 문단의 인식은 설기만 한 것 같다. 17C 형이상시학파의 카테고리 안에서만 이해하려고 하는 편견 때문으로 보여진다. 21C 새로운 시의 지평으로, 20C 모더니즘으로는 드러낼 수 없었던 것을 드러내는 그런 시의 새 지평으로 받아들여졌으면 하는 것이 솔찍한 심정이다.

- 영문학계의 석학이신 성찬경, 조신권, 원응순 교수님들의 글은 형이상시에 접근하는데 좋은 길잡이가 될 것으로 믿고 일독을 권해본다.

- 형이상시에 대한 인식의 전환을 꾀하기 위해 형이상 시법을 원용, 한국시인들을 조명했다. 지금까지의 이해와는 다른 새로운 인식을 체험하게 됐을 것으로 믿는다.

- 「이 시집을 조명한다」란엔 예술원 회원이자 한국시단의 원로이신 성찬경 시인의 소네트 시집『바스락 바스락 일을 한다』를 조신권 교수의 평설을 곁들여 조명했다. 소네트를 이해하는 좋은 계기가 될 것으로 본다.

- 형이상시의 이해를 돕기 위한 일환으로 한국 시인들의 시를 自選 형이상시란 타이틀로 上下에 나누어 제시한다. 지면이 허락지 않아 두 번에 나누어 싣게 된 점을 유감스럽게 생각하며 필자의 양해를 구한다.